Heizöl, Wärme, Innovationen

Zur Erinnerung an den IWO-Abend 2003 überreichen wir Ihnen dieses Buch zur Geschichte von Hagenbecks Tierpark.

Was haben Hagenbecks Tierpark und IWO gemein? Auf den ersten Blick mag der Vergleich schwierig erscheinen. Neben der Tatsache, dass Hagenbecks Tierpark mit Heizöl EL seine Energie und Wärme erzeugt, gibt es tatsächlich weitere Gemeinsamkeiten.

Die Geschichte von Hagenbecks Tierpark begann 1848 mit der Präsentation von sechs Seehunden. Der Hamburger Fischhändler Gottfried Claes Carl Hagenbeck dürfte wohl kaum geahnt haben, dass er, mit den eher zufällig in seinen Besitz gekommenen Tieren, den Grundstein für eines der größten Tierhandelshäuser der Welt gelegt hatte. Den weiteren Weg von Hagenbeck finden Sie spannend illustriert und beschrieben in diesem Buch.

Die Geschichte von IWO begann 1984 mit der Gründung des Instituts. Die Mannschaft der ersten Stunde war gerade mal drei Personen (zwei Geschäftsführer und eine Sekretärin) stark und hatte noch nicht die Vision des IWO von heute.

In das Jahr 2004 gehen heute über 50 Mitarbeiter, die alle hochmotiviert und engagiert für das System Ölheizung und den Energieträger Heizöl EL von Flensburg bis Marktschellenberg arbeiten. IWO ist heute das Kompetenzzentrum in Deutschland für die Ölheizung und den Energieträger Heizöl EL. IWO-Mitarbeiter unterstützen die Weiterentwicklung der Heizölqualität, sind an der Gestaltung von Normen und Verordnungen beteiligt, sind Experten für technisches Know How und tragen modernes Marketing über den Mineralölhandel und das Heizungsbauhandwerk bis zum Endverbraucher, der heute, vom Produkt überzeugt, mehr als 6 Millionen Ölheizungen betreibt.

Wir wünschen Ihnen schon jetzt eine erholsame und friedvolle Weihnachtszeit, einen guten Jahreswechsel und ein erfolgreiches Jahr 2004.

Mit herzlichen Grüßen und Dank für die konstruktive Zusammenarbeit.

Dr. Hans-Peter Sprenger
Vorstandsvorsitzender

Dr. Christian Küchen
Geschäftsführer

IWO
Institut für wirtschaftliche
Oelheizung e.V.

Matthias Gretzschel / Ortwin Pelc

Hagenbeck

Tiere, Menschen, Illusionen

Beiträge von Ernst Günther, Gisela Jaacks,
Gunther Nogge und Arne Steinert

Mit Fotografien von Michael Zapf

Hamburger Abendblatt

Inhalt

»GEH'N WIR MAL *NACH* HAGENBECK«, sagen die Hamburger völlig zu Recht – da der Familienname schon längst zur Ortsbezeichnung geworden ist. Was im Jahr 1848 mit einer mehr zufälligen Präsentation von sechs Seehunden auf dem Spielbudenplatz von St. Pauli begann, wurde zum Begriff für den Tierpark in Stellingen, der fast überall auf der Welt mit der Hansestadt Hamburg in Verbindung gebracht wird.

Der Hamburger Fischhändler Gottfried Claes Carl Hagenbeck dürfte wohl kaum geahnt haben, daß er mit seinen sporadischen An- und Verkäufen von Tieren den Grundstock für eines der größten Tierhandelshäuser der Welt gelegt hatte. Sein Sohn Carl baute das Geschäft tatkräftig aus und organisierte die ersten »Völkerschauen«, mit denen er nicht nur die Hamburger, sondern auch die Bewohner vieler anderer europäischer Metropolen jahrzehntelang faszinierte. Er erfand die »zahme Dressur«, schickte Zirkusunternehmen um die halbe Welt und ließ sich seine Idee vom »Tierparadies der Zukunft« patentieren. Die im Jahr 1907 eröffnete Anlage in Stellingen ist Carl Hagenbecks Wirklichkeit gewordener Traum eines weitgehend gitterlosen Tierparks.

Wer dieses Buch zur Hand nimmt, kann interessante historische Bilder und Plakate, aber auch faszinierende Farbfotografien von Tieren und anderen Motiven aus dem Stellinger Park betrachten, und sobald er sich in den Text vertieft, wird er feststellen, daß sich die Geschichte des Hauses Hagenbeck wie ein spannender Roman liest. Seit anderthalb Jahrhunderten haben sechs Generationen Hagenbecks, unterstützt von ihren tüchtigen Mitarbeitern, als Unternehmer viel gewagt, gewonnen, wieder verloren – und dabei ein eigenes Stück Kulturgeschichte geschrieben.

Geblieben ist der Tierpark in Stellingen. 1943 fast völlig zerstört, wurde er größer und schöner wiederaufgebaut. Heute ist er der offizielle Zoo der Hansestadt Hamburg, der – als Ausdruck hanseatischen Mäzenatentums der besonderen Art – gänzlich ohne staatliche Subventionen betrieben wird. Also: Geh'n wir mal *nach* Hagenbeck!

Dr. Claus Hagenbeck und Joachim F. Weinlig-Hagenbeck
Direktoren des Tierparks Carl Hagenbeck

Wilde Tiere auf dem Hinterhof

Wie es begann: eine Menagerie am Spielbudenplatz 1848–1874

Gottfried Claes Carl Hagenbeck (1810–1887) legte den Grundstock zu einem der weltweit größten Tierhandelshäuser

DER GROSSE BRAND DES JAHRES 1842 lag schon fast sechs Jahre zurück, und die Stadt hatte sich inzwischen stark verändert: Neue Gebäude – wie die Alsterarkaden mit ihren modernen Ladenpassagen – bestimmten das Stadtbild, das nun viel planvoller und großzügiger anmutete als noch zu Beginn dieses Jahrzehnts. Nie zuvor hatten sich die Dinge so schnell geändert. Es waren bewegte Zeiten, die sich ankündigten. Schon im Vorjahr, im Juni 1847, hatte es Tumulte auf dem Schaarmarkt gegeben. Arbeiter, kleine Handwerker, Tagelöhner und die immer zahlreicher werdenden Arbeitslosen protestierten aufgebracht gegen die sprunghaft gestiegenen Preise für die Grundnahrungsmittel Kartoffeln und Brot. Schließlich griff die Polizei ein und beendete den Hamburger »Kartoffelkrieg« mit Gewalt. Damit waren die Probleme aber nicht gelöst, sondern nur vertagt.

Von der allgemeinen Unruhe, die im Frühjahr 1848 in der Luft lag, war an diesem 8. März allerdings nicht viel zu spüren. Im Hafen, wo die Masten der zahlreichen Segelschiffe wie ein dichter Wald in den Himmel ragten, herrschte wie üblich rege Betriebsamkeit. Lebhaft ging es auch oben auf dem Hamburger Berg zu. Hier, auf dem Platz vor dem Millerntor, standen schon seit Mitte des 18. Jahrhunderts hölzerne Buden, in denen verschiedene Artisten ihre Künste zur Schau stellten. Spielbudenplatz wurde dieses Areal an der Reeperbahn genannt, auf dem der später so berühmte Vergnügungsbetrieb von St. Pauli seinen Anfang nahm. Um die Mitte des 19. Jahrhunderts waren dies noch vergleichsweise harmlose Zerstreuungen: Magier verblüfften das Publikum mit ihren Tricks, Kunstreiter und Seiltänzer zeigten ihr Können, in Marionettentheatern wurden blutrünstige Dramen aufgeführt, und in einigen Menagerien konnte man ein paar seltene oder gar exotische Tiere bewundern.

Amüsierviertel direkt vor den Toren der Stadt: Schon in den ersten Jahrzehnten des 19. Jahrhunderts stellten Gaukler, Dompteure, Artisten und Puppenspieler am Spielbudenplatz ihre Künste zur Schau. Die untere Darstellung, die im Jahr 1854 an gleicher Stelle entstand, zeigt bereits ein verändertes Bild: Seit 1840 wichen die Bretterbuden stattlichen Gewerbebauten, die dem Platz vor dem Millerntor ein klassizistisches Gepräge gaben.

Einer der Schausteller war neu an diesem 8. März des Jahres 1848. Er unterschied sich von all dem fahrenden Volk, denn er war ein grundsolider hamburgischer Geschäftsmann, und eigentlich hatte ihn nur der Zufall hierher geführt. Gottfried Claes Carl Hagenbeck, Fischhändler aus St. Pauli, stand sichtlich zufrieden neben zwei hölzernen Bottichen, in denen sich sechs Seehunde tummelten. Zufrieden war er, weil sich seine Idee offenbar als glücklich erwiesen hatte: Die Leute standen Schlange, bezahlten jeweils einen Schilling Eintritt und bestaunten die Seehunde, mit denen er im ersten Moment gar nichts anzufangen gewußt hatte.

Hagenbeck, dessen Fischgeschäft sich damals ganz in der Nähe, in der Großen Petersenstraße 16, befand, kaufte Aal und den begehrten Stör nicht nur auf, er hatte sogar eigene Fischer unter Vertrag, denen er ein festes Honorar zahlte. Dafür mußten sie alles abliefern, was ihnen

ACTIEN
THEATER

Am 10. Juni 1844 wurde Carl Hagenbeck in der Großen Petersenstraße 16 geboren. In diesem Haus befand sich das Fischgeschäft seines Vaters, der vor allem mit Aal und Stör handelte.

in die Netze gegangen war. So brachten sie ihrem Auftraggeber kontraktgemäß auch die sechs Seehunde, die sie eines Tages als Beifang an Bord gezogen hatten. Seehunde kann man zwar nicht essen, dafür aber gegen Geld zur Schau stellen, hatte sich Hagenbeck gesagt – freilich ohne zu ahnen, welch folgenreichen Weg er damit einzuschlagen begann...

Wir wissen nicht, wie viele Tage die sechs Seehunde im Frühjahr 1848 Hamburgs Müßiggänger und Schaulustige auf den Spielbudenplatz lockten, doch der Erfolg war so groß, daß sich der Fischhändler mit dem Gedanken anfreundete, sein Geschäftsfeld zu erweitern. Zunächst einmal brachte ihn ein Berliner Kollege dazu, die Seehunde auch in der preußischen Hauptstadt zu zeigen.

Ob Hagenbeck wußte, worauf er sich einließ? Schließlich ging es gerade in diesen Tagen in Berlin ziemlich drunter und drüber: Die Bevölkerung war aufgebracht, die Revolution griff um sich. Die Menge, die sich am 18. März auf dem Schloßplatz versammelt hatte, forderte Pressefreiheit, Beseitigung der Zollschranken und demokratische Reformen. Friedrich Wilhelm IV. sah sich gezwungen, den Forderungen entgegenzukommen. Während ein entsprechender Erlaß vom Balkon des Schlosses verlesen wurde, kam jedoch Unruhe auf, und das Militär schoß in die Menge. Im Handumdrehen wurden Barrikaden errichtet, die Lage eskalierte. Mehr als 200 Revolutionäre wurden erschossen. Am Nachmittag des nächsten Tages sah sich der König gezwungen, sich vor den »Märzgefallenen« zu verneigen.

Gottfried Claes Carl Hagenbeck hatte in diesen Tagen ganz andere Sorgen. Er mußte zusehen, wo er seine sechs Seehunde unterbringen und zur Schau stellen konnte. Schließlich zeigte er sie in Krolls Garten, einem berühmten Berliner Vergnügungslokal. Wieder wurde es ein Erfolg: Denn auch wenn die Berliner in diesen Tagen revolutionär sein mochten, so hatten sie doch nicht aufgehört, sich für Außergewöhnliches zu interessieren. Sie kamen in Krolls Garten, staunten die seltenen Meeresbewohner an, die munter in ihren Zubern schwammen, und zahlten. Hagenbeck konnte eigentlich zufrieden sein, dann wurde ihm jedoch die allgemeine Lage zu gefährlich. Ziemlich überstürzt verkaufte er die Tiere, übrigens ohne die versprochene Bezahlung zu erhalten, und kehrte auf schnellstem Wege in das vergleichsweise ruhige Hamburg zurück.

Keine Angst vor Superlativen: 1853 stellte Gottfried Claes Carl Hagenbeck auf dem Dom »das größte Schwein der Welt« aus.

Dieses Werbeplakat, das bereits ein umfangreiches Tierangebot offeriert, stammt aus dem Jahre 1860.

38 Jahre war der Fischhändler nun alt, und damit jung genug, etwas völlig Neues anzufangen. Von nun an kaufte er regelmäßig seltene Tiere, um sie auf dem Hamburger Dom als »zoologische Attraktion« öffentlich auszustellen. Er hatte erkannt, daß sich der Handel mit Tieren in den folgenden Jahrzehnten zu einem wichtigen Geschäftsfeld entwickeln würde.

Was war dieser Gottfried Claes Carl Hagenbeck eigentlich für ein Mensch? Zur Charakterisierung dieses Urvaters der Firma Hagenbeck sind wir auf die Schilderungen von Familienangehörigen angewiesen. John Hagenbeck, ein Sohn aus zweiter Ehe, schreibt über ihn: »[Er] war ein Niederdeutscher von echtem Schrot und Korn, der sein heimisches Platt nur ungern mit dem Hochdeutschen vertauschte, ein schlichter, biederer Mann, arbeitsam, sparsam und anspruchslos, dabei von sehr praktischer Denkungsart.«[1] Sein ältester Sohn Carl, der die spätere Entwicklung der Firma ganz entscheidend beeinflußte, hob Hagenbecks »angeborene Liebe für die Tiere« hervor: »Mein Vater war ein ganz besonders ausgesprochener Tierfreund, das erhellt schon daraus, daß er sich stets Ziegen, eine Kuh, einen Affen, einen sprechenden Papagei, Hühner, Gänse und allerlei sonstiges Viehzeug hielt. In den großen Räumlichkeiten, die zum Aufbewahren der Räucherspäne dienten, stolzierten außerdem ein Paar Pfauen. Die Menagerie war also eigentlich schon fertig, noch ehe jemand an ein Geschäft mit Tieren dachte.«[2]

Carl wurde am 10. Juni 1844 geboren. Schon in seiner Kindheit ging es in der väterlichen Firma nicht mehr nur um die Räucherung und den Verkauf von Fischen, sondern auch um den Tierhandel. In seiner Autobiographie »Von Tieren und Menschen« schildert Carl Hagenbeck sehr anschaulich, was es mit den »zoologischen Attraktionen« auf sich hatte, die der Vater damals auf dem Dom präsentierte. Im Jahre 1853 stellte der Tierhändler zum Beispiel ein »Riesenschwein« in einer Holzbude aus, ein andermal hatte er von einem Kapitän ein Vicunna-Lama zu demselben Zweck gekauft. Die Vorbereitungen waren getroffen, das Werbeschild schon gemalt, da starb das seltene Tier ganz unerwartet. »Zu dem Schild mußte in den Gefilden Hamburgs ein neues Vicunna erjagt werden. Mein Vater fand ein solches in Gestalt eines gewöhnlichen, ganz kommunen Rehs, das er kaufte und nun ganz unverfroren als Lama den Besuchern zeigen ließ«, schreibt Carl Hagenbeck und fügt – halb belustigt, halb entschuldigend – hinzu: »Solche Scherze durfte man sich damals ohne weiteres erlauben, man war in der Zoologie noch nicht so gut bewandert wie heute, holte man doch seine Kenntnisse aus umherziehenden Menagerien, die sich noch ganz andere Unterschiebungen gestatteten.«[3]

Ein junger Unternehmer mit Visionen: Das Porträt von Carl Hagenbeck dürfte etwa um 1870 aufgenommen worden sein.

Trotz des regelmäßigen Engagements auf dem Dom wurde aus Gottfried Claes Carl Hagenbeck jedoch keineswegs ein konventioneller Schausteller. Im Grunde blieb er, was er war, nämlich vor allem Fischhändler. Nach dem unerwarteten Erfolg mit den Seehunden erweiterte er jedoch die Bestelliste bei seinen Fischern um diese Tiere, die er nun regelmäßig angeliefert bekam. Er stellte sie aber nicht mehr selbst aus, sondern verkaufte sie an Interessenten weiter. Schon vor ihm hatte sich der Hafenkapitän und Zollinspektor Jacob Gotthold Jamrach (1792–1860) darauf verlegt, von ankommenden Seeleuten seltene Tiere zu erwerben und später weiterzuverkaufen. Seit dem Jahre 1845 betrieb Jamrach, der schon 1827 dem preußischen König Friedrich Wilhelm III.

»Schauplatz: Spielbudenplatz No. 19 St. Pauli«. Mit dieser Plakatunterschrift, mit gefährlichen Kreaturen und dramatischen Szenen sollten nicht nur Kaufinteressierte, sondern auch Schaulustige angelockt werden.

Vermutlich stammt dieses Porzellanschild noch vom Firmeneingang am Spielbudenplatz 19.

einen Eisbären angeboten hatte, am Spielbudenplatz 19 eine Tierhandlung. Sein Sohn Charles Jamrach etablierte sich als Tierhändler in London, wo er zunächst Konkurrent und später wichtiger Geschäftspartner der Firma Hagenbeck wurde.

Groß war dieser Markt um die Mitte des 19. Jahrhunderts noch nicht, als Käufer kamen eigentlich nur Gaukler, reisende Artisten und Inhaber von Menagerien in Frage. Bald bekam Hagenbeck aber auch andere Tiere angeboten, Tiere, für die sich nicht so schnell ein Käufer fand. Er griff zu: Der erste spektakuläre Ankauf ist für den Juli 1852 überliefert. Der Hamburger Kapitän L. Main hatte mit seinem Walfänger »Der junge Gustav« aus Grönland nicht nur tote Wale, sondern auch einen lebendigen Eisbären mitgebracht. Obwohl Hagenbeck wußte, daß sich dieses Tier nicht so schnell an den Mann bringen ließ, erwarb er es für 350 preußische Taler. Er ließ es in die Räume des Hühnermärderschen Museums am Spielbudenplatz bringen und schickte einen Ausrufer durch die Stadt, der verkündete, daß man bei Hagenbeck einen echten Eisbären bewundern könne. Kurz darauf erwarb der Geschäftsmann von Besatzungsmitgliedern anderer Schiffe u. a. eine gestreifte Hyäne und einige weitere exotische Tiere. Es dürfte damals bunt ausgesehen haben und ziemlich durcheinandergegangen sein in dem Museum am Spielbudenplatz, von dem bald allgemein bekannt war, daß man hier jederzeit seltene Tiere betrachten und kaufen konnte. Das Hühnermärdersche Museum, das Hagenbeck wahrscheinlich gepachtet hatte, war wohl eine Art Kuriositätenkabinett, also eine Belustigungsstätte, wie sie damals für St. Pauli üblich war.

Diese Situation wird Carl Hagenbeck vor Augen gehabt haben, als er von der Menagerie schrieb, die schon florierte, »als noch niemand an ein Geschäft mit Tieren dachte«. In Wahrheit lagen die Dinge wohl ein wenig anders, denn der alte Hagenbeck sah in den Tieren vermutlich schon sehr bald auch eine interessante Handelsware. 1862 inserierte er in der Zeitung »Die Reform – Ein Communal und Bürgerblatt«, daß »C. Hagenbecks Handlungs-Menagerie, St. Pauli hinter dem Trichter in der neuerbauten Bude von morgens 8.00 Uhr bis abends 8.00 Uhr geöffnet [sei], wo die Thiere sowohl zur Schau als zum Verkauf ausgestellt sind«.[4] Diese »Handlungs-Menagerie« war eine Mischung aus Schausteller- und Handelsbetrieb.

Bevor Hagenbeck sich zu der Annonce in der renommierten Hamburger Zeitung entschloß, hatte sein Geschäft bereits einen erstaunlichen Aufschwung genommen. Schon im Jahre 1857 war er eigens nach Wien gefahren, um dem Tropenforscher Dr. Natterer, der gerade aus dem Sudan zurückgekehrt war, eine Kollektion afrikanischer Tiere abzukaufen. Carl Hagenbeck, der damals 13 Jahre alt war und

Ankunft von Lorenzo Casanovas Tierkarawane im Jahr 1866 in Hamburg. Der Italiener, der bis zu seinem Tod 1870 große Transporte organisierte, war der erste Tierfänger in Hagenbecks Diensten.

seinen Vater häufig auf Reisen begleitete, erinnert sich an diesen ersten großen Ankauf: »Er fand fünf Löwen, zwei Leoparden, drei Jagdleoparden, einige Hyänen, Antilopen und Gazellen, sowie eine Anzahl von Affen vor, die er ohne weiteres kaufte, und zwar zu einem verhältnismäßig billigen Preise, weil keine Konkurrenz vorhanden war. Nach einem sechstägigen, mit vielen Schwierigkeiten verbundenen Eisenbahntransport kamen die Tiere in Hamburg an und wechselten sehr bald den Besitzer. Die Raubtiere fanden ihre Liebhaber in verschiedenen Menageriebesitzern, die Antilopen, Gazellen und Affen dagegen, sowie auch ein paar Jagdleoparden fanden Unterkunft im Zoologischen Garten zu Amsterdam.«[5]

Kaum zu glauben, daß Hagenbeck vor weniger als einem Jahrzehnt mit nur sechs Seehunden angefangen hatte. Möglich war dieser Aufschwung nur, weil sich im Zuge der gerade in Gang gekommenen industriellen Revolution die Kommunikations- und Transportmöglichkeiten wesentlich verbessert hatten. Das zeigt dieser erste große Tierkauf geradezu exemplarisch: Hagenbeck hatte durch das Telegramm eines Wiener Geschäftsfreundes von dem unerwartet großen und günstigen Tierangebot erfahren und war sofort mit dem Zug in die kaiserlich österreichische Metropole geeilt.

Ohne die damals noch neuen Eisenbahnverbindungen wären die immer größeren Tiertransporte, die die Firma von nun an kreuz und quer durch den ganzen Kontinent schickte, nicht möglich gewesen. Zu den modernen Transportmöglichkeiten kamen außerordentlich interessante Kunden in Gestalt der zoologischen Gärten hinzu. Schon im Jahre 1752 war in Wien-Schönbrunn ein Tierpark gegründet worden. In Paris wurde 1794, in London 1828, in Amsterdam 1838 und in Antwerpen 1843 ein Zoo eröffnet. Doch ihre Hochkonjunktur erlebten die Tiergärten in der zweiten Hälfte des 19. Jahrhunderts. Der erste deutsche Zoo war 1841 in Berlin eröffnet worden, gefolgt von Frankfurt am Main (1858), Köln (1860), Dresden (1861), Hamburg (1863), Breslau (1865), Hannover (1865) und Leipzig (1878). Alle diese Anlagen, die – wie es in einem alten Brockhaus-Lexikon heißt – »in- und ausländische Tiere zum Zwecke der Schaustellung und wissenschaftlichen Beobachtung« sammelten, mußten innerhalb von wenigen Jahren einen eigenen Tierbestand aufbauen. Wo sollten sie kaufen? Einen funktionierenden Tiermarkt gab es in Deutschland noch nicht. Genau das war die Lücke, durch die die Firma Hagenbeck innerhalb von wenigen Jahren ganz groß ins Geschäft kommen sollte.

Kein Zweifel, Gottfried Claes Carl Hagenbeck wußte mit Tieren umzugehen; kaum ein anderer hatte so viel Erfahrung wie er. Doch sollte er sich ganz aufs Tiergeschäft verlegen – ein Geschäft, das zweifellos Zukunft hatte, aber andererseits auch erhebliche Risiken barg? Wie Carl Hagenbeck in seiner Autobiographie berichtet, machte sein Vater mit dem Tiergeschäft zunächst Verluste, da »infolge des Mangels an Erfahrung in der Behandlung der Tiere viele zugrunde gingen«[6]. Ein schlichter Satz, der auf schlimme Zustände schließen läßt. Die langen Transportwege, das ungewohnte Klima, eine nicht artgerechte Ernährung und Unterbringung dürften für viele Tiere qualvoll gewesen sein, für manche war die Situation tödlich. Andererseits muß man in Betracht ziehen, daß der Tierschutz damals eine weit geringere Rolle spielte als heute. Erst im Jahre 1837 war in Stuttgart der erste deutsche Tierschutzverein gegründet worden, zwei Jahre später organisierten sich in Hamburg die ersten Tierschützer. Ob sie allerdings bei Hagenbeck viel zu beanstanden gehabt hätten, ist in Anbetracht der damals allgemein herrschenden Mißstände zweifelhaft. Schließlich war die Firma schon aus geschäftlichem Interesse am Wohlergehen ihrer Tiere interessiert. Vor allem Carl Hagenbeck hat immer wieder beschrieben, wie er sich um eine einigermaßen erträgliche Situation für seine Tiere bemühte – natürlich auf der Grundlage anderer Standards als der heute üblichen.

Im Jahre 1859 wurde der inzwischen 15 Jahre alte Carl Hagenbeck vor eine schwere Entscheidung gestellt: Sollte er, als eine Art Junior-

Der Zoo in Hannover (oben) entstand, wie die meisten europäischen Tiergärten, in der zweiten Hälfte des 19. Jahrhunderts. Doch schon in vorangegangenen Jahrhunderten richteten sich Fürsten eigene Menagerien ein. Ein Beispiel dafür ist der Kupferstich (unten), der die Anlage in Versailles zur Zeit Ludwigs XIV. zeigt.

Der Spielbudenplatz um 1900. Auf dem Grundstück mit der Nummer 19, der alten Adresse der Handlungs-Menagerie, wurde im Jahr 1885 ein stattliches Neorenaissance-gebäude errichtet, in dem Carl Hagenbecks Schwester Christiane eine Vogelhandlung betrieb. Heute befindet sich an gleicher Stelle das Kino »Docks«.

chef, die Tierhandlung weiterführen oder sich doch lieber ausschließlich auf das florierende Fischgeschäft konzentrieren? Der Vater ließ ihm freie Wahl, riet ihm aber zu dem ebenso sicheren wie einträglichen Handel mit Aal und Stör. Der Sohn jedoch entschied sich »kurzerhand für die Fortführung des Tiergeschäfts und fand, da ich der Liebling meines Vaters war, seine Zustimmung, allerdings unter der Bedingung, daß er bei einem eventuellen späteren Verluste nicht mehr als 2.000 Mark kurant zuzuzahlen brauche. Ich müsse also jetzt selbst zusehen, meinte er, wie ich weiterkäme und den Tierhandel in die Höhe bringe.«[7]

Für einen Fünfzehnjährigen, der gerade erst die Schule verlassen hatte, war dies eine erstaunliche und höchst anspruchsvolle Aufgabe, die jedoch seinen Neigungen und Fähigkeiten voll und ganz entsprach. Unterstützt von seinen Geschwistern Caroline, Luise, Christiane und Wilhelm sowie einigen Bediensteten, stellte er das Tiergeschäft binnen kurzem auf eine neue, sehr viel breitere Grundlage. Hamburg war als Hafenstadt ein günstiger Standort, denn ankommende Seeleute boten häufig Tiere zum Verkauf an. Doch Carl Hagenbeck kaufte nicht nur am Ort. Sein erster eigener Verkaufserfolg schloß sich an einen Transportauftrag an: Im Jahre 1860 brachte er im Auftrag des Menageriebesitzers August Scholz einen Elefanten mit der Eisenbahn von Hamburg nach Berlin, wo er ihn in dem damals noch nicht einmal zwei Jahrzehnte lang bestehenden Zoologischen Garten ablieferte. »Nichts war natürlicher, als daß ich nun den freien Nachmittag dazu benutzte, den Zoologischen Garten zu besuchen. Dieser Garten«, schreibt er rückblickend, »war mir nicht mehr fremd, und auch den Inspektor kannte ich bereits. Als ich diesen aufsuchte und ihm verschiedene von unseren Tieren anbot, teilte er mir zu meinem größten Vergnügen mit, daß ich wahrscheinlich gerade zur rechten Zeit gekommen wäre, da im Raubtierhaus verschiedene Lücken entstanden seien, die ausgefüllt werden sollten. Am nächsten Tag verkaufte ich an den Direktor, Herrn Professor Peters, kurzerhand für annähernd 1.700 Taler Tiere.«[8]

Der jugendliche Tierhändler war ungemein weltläufig, kontakt- und entscheidungsfreudig. Er besuchte die neuen Zoos u.a. in Dresden und Köln und kam mit deren Direktoren schnell ins Geschäft. Auf der jährlich stattfindenden Tierauktion im Zoologischen Garten von Antwerpen knüpfte er zahlreiche Kontakte. Seinen Konkurrenten, den Londoner Tierhändler Charles Jamrach, dem er wenig später bei wichtigen Geschäften erfolgreich zuvorkommen sollte, kannte er bereits aus Hamburg. Viele Tiere, die Hagenbeck nun an verschiedenen Orten kaufte, kamen gar nicht erst nach Hamburg. Sie wurden möglichst gleich an Ort und Stelle weiterverkauft – eine Praxis, die nur dank der weitverzweigten Geschäftsverbindungen möglich war.

Sehen wir uns ein Beispiel aus dem Sommer 1862 an: Per Brief wurde Hagenbeck darüber informiert, daß die Witwe des Menageriebesitzers Christian Renz in Krefeld ihren gesamten Tierbestand verkaufen wollte. Schon kurz darauf setzte er sich in den Zug, fuhr nach Krefeld, wo die Menagerie gerade auf einer Messe gastierte. Er kaufte die komplette Gruppe, verkaufte aber an Ort und Stelle einen großen Teil der Tiere an benachbarte Schausteller – mit erheblichem Gewinn.

Aber auch in Hamburg mußten nun immer mehr Tiere untergebracht und versorgt werden, deshalb zog die Menagerie im Jahre 1863 in den Spielbudenplatz Nr. 19 um, ein größeres Haus, das Claes Hagenbeck von den Erben des bereits erwähnten Jacob Gotthold Jamrach, des Vaters von Charles Jamrach, erwerben konnte. Carl Hagenbeck beschreibt es wie folgt: »Das Vorderhaus hatte unten zwei Läden, wovon der eine an einen Schuhmacher vermietet war, und der andere unseren Vögeln als Unterkunft diente. Hinter dem Haus lag ein kleiner Holzplatz und hinter diesem ein großer, achtzig Fuß langer und dreißig Fuß breiter Bau, den wir für unsere Zwecke einrichteten. Zur Rechten wurde eine Anzahl Käfige für Raubtiere placiert. Die linke Seite wurde in Stallungen für sonstige Tiere abgeteilt. Ueber dem Hofplatz befand sich der Ausbau eines kleinen photographischen Ateliers. Auf dem freien Raum des Hofes wurden Käfige für größere Tiere untergebracht.«[9]

Spätestens jetzt war Hagenbeck schon weit über Hamburg hinaus nicht nur in Tierhändlerkreisen ein fester Begriff. Von der Exotik, die sich mit diesem Namen verband, zeugt auch eine Zeichnung von der Menagerie am Spielbudenplatz 19, die der Maler Heinrich Leutemann für die populäre Zeitschrift »Daheim« schuf.

Um ständig Tiere zu bekommen, suchte Carl Hagenbeck nach immer neuen Kontakten. Er fuhr nach Belgien, Holland, Frankreich und im Jahre 1864 auch nach Southampton, um dort einen Ameisenbären zu kaufen und persönlich unter ziemlich abenteuerlichen Bedingungen nach Hamburg zu bringen.

Im gleichen Jahr kam es zu einer wichtigen Neuerung in der Ankaufspraxis: Im Dresdner Zoologischen Garten traf Carl Hagenbeck den damals schon berühmten Afrikareisenden Lorenzo Casanova, der dort gerade einige Löwen, Hyänen, Affen und Vögel verkauft hatte. Man schloß einen Vertrag, nach dessen Bestimmungen Casanova in Zukunft alle größeren Tiere – mit Ausnahme eines für den Berliner Zoo bestimmten Elefanten –, die er von seiner nächsten Afrikareise mitbringen würde, an Hagenbeck zu einem vorab festgelegten Preis zu veräußern hatte. Da Carl Hagenbeck damals erst 20 Jahre alt war, bestand Casanova auf der Unterschrift seines Vaters und reiste deshalb

Die Darstellung auf Hagenbecks erster Geschäftskarte spielt gekonnt mit den Sehnsüchten nach Exotik, Ferne und Abenteuer.

eigens mit nach Hamburg. Der Kontrakt kam zustande, und Casanova wurde der erste Tierfänger, der in Hagenbecks Dienste trat.

Im Juli 1865 brachte er den ersten Tiertransport, der aus drei Elefanten, mehreren Löwen, Hyänen, Leoparden, Antilopen, Gazellen und Straußen bestand, vertragsgemäß nach Wien, wo er von Carl Hagenbeck übernommen und per Bahn nach Hamburg begleitet wurde.

Im Alter von 21 Jahren übernahm Carl ab 1. Januar 1866 die alleinige Verantwortung für das Tiergeschäft, über dessen weitere Entwicklung er schrieb: »Die Tiere flossen mir natürlich nicht nur aus Afrika zu, sondern aus allen Weltteilen, und, wo ich nicht selbst reisen ließ, besaß ich wenigstens eine Mittelsperson.«[10] Welchen erstaunlichen Umfang diese Transporte inzwischen erreichten, zeigt Casanovas letzte Lieferung. Der Italiener war im Frühsommer 1870 mit seinem größten Tiertransport aus Zentralafrika zurückgekehrt und lag schwer erkrankt in Suez. Daraufhin reiste Carl Hagenbeck sofort dorthin und fand seinen Jäger todkrank und die Tiere in einem ziemlich schlimmen und verwahrlosten Zustand vor. Seine Schilderung ist eindrucksvoll: »Elefanten und Giraffen, Antilopen und Büffel waren an Palmbäumen angebunden. Im Hintergrund liefen frei sechzehn große Strauße umher, und in 60 Kästen bewegten sich Löwen, Leoparden, Jagdpanther, 30 gefleckte Hyänen, Schakale, Luchse, Zibetkatzen, Affen, Marabustörche, Nashörner, Vögel und eine ganze Anzahl von Raubvögeln. Nach Aufnahme einer Liste der gesamten Kollektion schloß ich in Anwesenheit des deutschen Konsuls einen Kaufvertrag mit Casanova ab.«[11] Wenig später, am 23. Juni, starb Casanova in Kairo.

Unter schwierigsten Bedingungen schaffte Hagenbeck die riesige Tierkarawane von Suez per Bahn nach Alexandria und von dort mit dem Schiff nach Triest, wo er schon von seinem Vater erwartet wurde. Es war der bis dahin größte jemals nach Europa gebrachte Tiertransport, der in der damals zu Österreich gehörenden Hafenstadt enormes Aufsehen erregte. Die Tiere wurden vom Hafen durch die Stadt zum Bahnhof gebracht, wo bereits Sonderwagen bereitstanden. Von dort ging die Fahrt per Bahn mit Zwischenstation in Wien, Dresden und Berlin nach Hamburg.

Nicht alle Transporte waren so spektakulär, doch die Geschäfte liefen trotz mancher Schwierigkeiten immer weiter. Sogar bis in die USA hatte sich Hagenbecks herausragendes Tierangebot herumgesprochen: Im Jahre 1872 kam der amerikanische Zirkusunternehmer Phineas T. Barnum, der sich gerade in Europa aufhielt, nach Hamburg, um für den damals enormen Betrag von 15.000 Dollar bei Hagenbeck Tiere zu kaufen. Barnum sollte für die Firma Hagenbeck später zu einem der wichtigsten Abnehmer werden.

Der alte Hamburger Zoo

Es gab eine Zeit in Hamburg, in der man nicht nur »nach Hagenbeck«, sondern auch »in den Zoo« gehen konnte: Westlich des Dammtor-Bahnhofs erstreckte sich das Gelände des Zoologischen Gartens zu Hamburg, der – abgesehen von einer kurzen Unterbrechung in den 1920er Jahren – von 1863 bis 1930 bestand.

Der Hamburger Zoo war in vielen Dingen typisch für seine Zeit: gegründet von Honoratioren, ausgestattet mit Aktienkapital und Spenden durch das wohlhabende Bürgertum und eröffnet mit dem Ziel, nicht nur Repräsentationsobjekt und Erholungsort, sondern zugleich Bildungsstätte und Forschungseinrichtung zu sein. Der eigentliche Initiator war der Kaufmann und Politiker Ernst v. Merck. Anfang 1860 rief er die Zoologische Gesellschaft ins Leben, die wiederum die finanziellen und personellen Voraussetzungen für die Zoogründung schuf und Senat und Bürgerschaft davon überzeugte, einer neugebildeten Aktiengesellschaft das Gelände vor dem Dammtor kostenlos zu überlassen.

Martin Haller, der spätere Rathausarchitekt, setzte sich in einem Wettbewerb durch und übernahm in den Folgejahren mit verschiedenen Partnern mehr als 50 Bauaufgaben für den Hamburger Zoo. Ferner wurden ein Gartenbau-Ingenieur und ein Wasserbauer beschäftigt, um die sandige Brache zu einer hügeligen Parklandschaft zu gestalten, die von einem Bachlauf mit drei Seen und einem Wasserfall durchzogen wurde und die mit der Gemsenhütte und seit dem Jahre 1864 mit der Eulenburg zwei markante Erhebungen besaß. Prominente Einzelspender finanzierten den Bau von Gehegen oder Parkelementen; Ernst v. Merck etwa übernahm die Errichtung eines Fischotterbassins.

Das gesamte Projekt fand großen Anklang, denn als die wichtigsten Tierhäuser errichtet waren, sie aber noch um ein Aquarium ergänzt werden sollten, wurden Ende 1862 an nur einem Tag weitere Aktien im Wert von 100.000 Mark verkauft. Die Eröffnung des Zoologischen Gartens fand für die Aktionäre am 16. Mai 1863, für das allgemeine Publikum einen Tag später statt. Nach Berlin, Frankfurt am Main, Köln und Dresden war Hamburg die fünfte deutsche Stadt, die einen Zoo besaß.

Als erster Direktor konnte Alfred Edmund Brehm gewonnen werden, der spätere Autor des »Illustrirten Thierlebens«. Die Tiergärten mit ihrer Möglichkeit zur ausgiebigen Beobachtung lebender Tiere galten Brehm als »Hochschule der Wissenschaft«[1]. Ausdrücklich wurden die Hamburger Zoodirektoren als Wissenschaftler berufen. Ihre Verträge sahen u. a. die Verpflichtung zur Publikationstätigkeit vor, die Brehm ebenso wie seine Nachfolger mit einer Vielzahl von Beiträgen für Fachblätter und Publikumszeitschriften erfüllten.

Schon im ersten halben Jahr nach der Eröffnung zeigte der Hamburger Zoo etwa 300 verschiedene Tierarten. Ein Affenhaus sowie das Aquarium mit 22 Bassins – es handelte sich um das erste in Deutschland und war mit einer über Jahrzehnte als fortschrittlich geltenden Technik ausgestattet – waren im Jahre 1864 fertiggestellt. Querelen über die Kompetenzverteilung führten dazu, daß Alfred Brehm bereits 1866 Hamburg verließ. Als Dr. Heinrich Bolau den Direktorenposten nach mehreren Jahren der Vakanz 1875 übernahm, beschäftigte der Zoo neben ihm und einem geschäftsführenden Inspektor noch 21 weitere Personen.

Für die Bauten waren zunächst Zweckmäßigkeit und Nüchternheit maßgebend. Direktor Bolau stand voll hinter dem wissenschaftlichen Konzept des Parks; dies

Der asiatische Elefantenbulle »Anton« war damals in Hamburg ebenso populär wie heute Hagenbecks »Antje«, das Wappentier des NDR.

Das Straußenhaus war mit Kachelmosaiken verziert. Das Foto entstand 1904.

Die Luftaufnahme vom Anfang dieses Jahrhunderts zeigt die Größe des Areals, auf dem sich Käfige, Volieren und Tierhäuser befanden. Im Hintergrund ist der Dammtor-Bahnhof zu sehen.

wird deutlich, wenn er rühmt, daß am 1881 durch Haller fertiggestellten neuen Dickhäuterhaus »alles überflüssige Beiwerk an Malereien und sonstigen Verzierungen [...] sorgfältig vermieden worden [ist]; jede unnütze Ausgabe nach dieser Richtung hin entspricht nicht den Zwecken eines Zoologischen Gartens und hindert die gedeihliche Fortentwicklung eines derartigen Institutes«[2].

Zwar wurden einfache Tierhäuser jeweils als »landesübliche Hütten« errichtet[3], doch der in anderen Zoos verbreiteten Praxis, aufwendige Gehege als sogenannte Stilbauten mit Zitaten exotischer Architekturmuster auszuführen, folgte man in Hamburg nicht. Lediglich das Stelzvogelhaus und das neue Straußenhaus von 1904 zeigten ägyptische Stilelemente. Als ein Jahr nach dem erwähnten Dickhäuterhaus auch ein neues Raubtierhaus eröffnet wurde, waren die besonders attraktiven »Publikumstiere« nicht länger in Provisorien untergebracht. Ein eigenes Beuteltierhaus, das 1895 vollendet wurde, blieb in deutschen Zoos lange einmalig. Mit dem Affenhaus-Neubau von 1914/15 besaß Hamburg das damals größte Gebäude dieser Art in Deutschland.

Die Direktoren der klassischen zoologischen Gärten wollten ihren Besuchern möglichst viele unterschiedliche Tierarten zeigen, selbst wenn sich diese, wie einige Antilopenarten, kaum voneinander unterschieden. Der Hamburger Zoo galt dabei neben dem Berliner als der artenreichste in Deutschland.[4] Vor dem Ersten Weltkrieg etwa beherbergte er 4.000 Einzeltiere aus etwa 1.000 Spezies. Schwerpunkte im Tierbestand waren seit jeher die umfangreichen Hirsch- und Vogelsammlungen. Verschiedene Tiere konnten in Hamburg erstmals überhaupt in Europa gezeigt werden, so z. B. der Schomburgks-Hirsch aus Thailand (1862), der Afrikanische Waldelefant (1882) oder der Zebraducker – eine Schopfantilopenart (1903). Daneben gelangen spektakuläre Zuchterfolge: Die weltweit ersten in Gefangenschaft geborenen brasilianischen und malaiischen Tapire kamen in Hamburg zur Welt (1868 und 1879), ebenso die erste in Deutschland geborene Giraffe (1879). Dickhäuter wie der asiatische Elefantenbulle »Anton«, das Panzernashorn »Begum« und der Nilpferdbulle »Bachit« lebten z. T. über 30 Jahre lang im Hamburger Zoo und waren beim Publikum ähnlich populär wie heute Hagenbecks Walroß »Antje«.

Einige Jahre vor Ablauf der Vereinbarung über die kostenlose Überlassung des Geländes durch den Hamburger Staat deuteten sich Probleme für den Zoo am

Der 1863 gegründete Zoologische Garten verfügte – wie auf dieser Lithographie von Wilhelm Heuer zu sehen ist – über einen Bärenzwinger und eine »Wasserfallgrotte«.

Ein Ausflug in den Zoo im Jahr 1902: Bis zum Jahr 1930 konnten Hamburger noch wählen, ob sie den Zoologischen Garten am Dammtor oder Hagenbecks Tierpark in Stellingen besuchen wollten.

Dammtor an. Seit der Eröffnung von Hagenbecks Tierpark im Jahre 1907 in Stellingen waren die Besucherzahlen deutlich gesunken. Martin Haller, der sich dem Hamburger Zoo sehr verbunden fühlte, gab zu bedenken, daß neben der Konkurrenz durch Hagenbeck auch die schlechten norddeutschen Wetterverhältnisse sowie die Verlagerung der bevorzugten Wohngebiete wohlhabender Bevölkerungsschichten Mitschuld am Besucherrückgang hätten. Um neues Publikum zu gewinnen, empfahl er die Senkung der Eintrittspreise und vermehrte Unterhaltungsangebote sowie eine – modern ausgedrückt – in jeder Hinsicht verbesserte Infrastruktur. Daneben entwickelte Haller ein Konzept für die Errichtung von Staats- und Kulturbauten zwischen Dammtor-Bahnhof und Zooeingang, deren Glanz auf den Zoo abfärben sollten.[5] Es blieb jedoch bei Vorschlägen, denn alle Modernisierungs- und Neubaumaßnahmen hätten privat finanziert werden müssen.

Die Wirtschaftskrise nach dem Ersten Weltkrieg führte zur Liquidierung der Betreiber-AG und Anfang 1921 zur Schließung des Zoologischen Gartens. Mit Unterstützung der Hamburger Bürgervereine gründete sich eine neue Aktiengesellschaft, so daß der Zoo noch einige Jahre geöffnet bleiben konnte. An den Schwierigkeiten änderte sich jedoch nichts: Zum einen fehlte es an Planungssicherheit, da der Hamburger Staat das Gelände nur mehr für fünf bzw. zehn Jahre kostenlos überließ und ansonsten nur geringe öffentliche Mittel bereitstellte, zum anderen erschien angesichts der ungeheuren Publicity um Hagenbecks neuartige Tierparkarchitektur – so umstritten diese in Fachkreisen auch war – der Hamburger Zoo schlicht als rückständig.

Das Aus für den Zoologischen Garten zu Hamburg kam im Jahre 1930 mit der Umwandlung zum »Volkspark mit Vogelpark«: Der östliche Geländeteil wurde zum Vergnügungspark, Gehege und Tierhäuser im westlichen Teil gestaltete man für die Vogelhaltung um. Nach nur einem Jahr mußten die Betreiber jedoch endgültig aufgeben und den Vogelbestand an die Tierhandelsfirma Fockelmann verkaufen.[6] Das Gelände wurde für die verschiedenen seit 1935 dort abgehaltenen Gartenbau-Ausstellungen mehrfach umgestaltet. Von Tieren ist im neuen Namen »Planten un Blomen« keine Rede mehr – einzig die Tiergartenstraße erinnert an den Hamburger Zoo, dessen Konzept von den Präsentationsformen in Hagenbecks Tierpark überholt wurde.

Fremde Völker ließen sich bei Hagenbeck gefahrlos besichtigen

Ferne Welten ganz nah: ein Tierpark am Neuen Pferdemarkt 1874–1907

Am Neuen Pferdemarkt tauchte im Firmenschild zum erstenmal der Begriff »Thierpark« auf.

WIE BRINGT MAN EINE GROSSE ANZAHL TIERE mitten in einer Großstadt unter? Das war eine Frage, die sich für Carl Hagenbeck Anfang der 70er Jahre des 19. Jahrhunderts mit immer größerer Dringlichkeit stellte. Der damals knapp Dreißigjährige, der am 11. März 1874 geheiratet und einen eigenen Hausstand gegründet hatte, wußte seit langem, daß die bisherige Unterbringung dringend von einem weitaus größeren Domizil abgelöst werden mußte. »Bei der wachsenden Ausdehnung des Geschäfts waren die Räume am Spielbudenplatz längst viel zu eng geworden. Nach langem Suchen glückte es mir im Frühling 1874, am Neuen Pferdemarkt in Hamburg ein geeignetes Grundstück mit Wohnhaus und dahinterliegendem 76.000 Quadratfuß großem Garten aufzufinden. Dieses Grundstück erwarb ich, und die nötigen Einrichtungen, wie Stallungen usw. wurden mit einem solchen Eifer gebaut, daß wir bereits um die Mitte des April unsern Einzug in das neue Heim bewerkstelligen konnten«[1], heißt es in Hagenbecks Autobiographie.

Die nachmittägliche Raubtierfütterung bei Hagenbeck, für die diese Anzeige von 1891 wirbt, gehörte zu den Sensationen der Hansestadt. Mit seiner gärtnerischen Anlage und den Käfigen war der Hinterhof am Neuen Pferdemarkt – wie die historischen Fotos belegen – bereits wie ein Tierpark gestaltet.

In der Firmenanzeige taucht nun neben dem bereits eingeführten Wort »Handlungs-Menagerie« erstmals auch der Begriff »Thierpark« auf. War diese Bezeichnung damals wirklich angemessen? Wie historische Fotos aus Hagenbecks Firmenarchiv belegen, hatte die neue Institution am Pferdemarkt tatsächlich schon den Charakter eines kleinen zoologischen Gartens. Im Vorderhaus, das der Straße zugewandt war, befanden sich Wohn-, Empfangs- und Büroräume, während der eigentliche Tierpark über einen Torweg zugänglich war. Es gab verschiedene, mit architektonischem Anspruch gestaltete Käfige, Freigehege und parkähnliche Anlagen, die im Laufe der Jahre immer weiter vervollkommnet wurden. Hagenbeck gibt die Grundstücksgröße mit 76.000 Fuß an, was nach hamburgischem Maß einer Fläche von 6.239,6 Quadratmetern entsprach – also durchaus einen kleineren Tierpark vorstellbar erscheinen läßt. Hagenbecks Anlage war zwar erheblich weniger weiträumig als der Zoologische Garten am Dammtor, dennoch war sie sowohl für Hamburger als auch für Besucher der Stadt eine interessante Alternative, da sie – bei deutlich niedrigerem Eintrittspreis – ein wechselndes und qualitätsvolles Tierangebot bereithielt.

Inzwischen hatten sich Hagenbecks internationale Geschäftsbeziehungen immer weiter verzweigt. Seine Verbindungsleute und Tierfänger waren in vielen Ländern tätig, doch seit Mitte der 70er Jahre gab es Probleme mit dem Absatz. »Das Geschäft der Tierimportation war ziemlich gesunken«, beklagte er und verzeichnete »eine Art Überproduktion«.[2] Obwohl ihm alle potentiellen Abnehmer bekannt gewesen seien, habe er große Schwierigkeiten gehabt, seine Tiere zu verkaufen.

Die langen Transportwege, das ungewohnte Klima, eine nicht artgerechte Ernährung und Unterbringung waren für viele Tiere qualvoll, für manche tödlich. Man muß jedoch in Rechnung stellen, daß der Tierschutz im 19. Jahrhundert eine weit geringere Rolle spielte als heute.

Wörtlich heißt es dazu in Hagenbecks Lebensbericht: »Ich war gezwungen, sie zu fabelhaft billigen Preisen zu verkaufen, nur um dieses ›fressende Kapital‹ von mir abzuschütteln.«[3] Offenbar hatte sich der Bestand der zoologischen Gärten inzwischen stabilisiert. Außerdem kam es im Zeitraum zwischen 1865 und 1891 in ganz Deutschland nur zur Einrichtung von zwei größeren Zoos, die 1876 in Düsseldorf und 1878 in Leipzig eröffnet wurden. Verschärft wurde die Absatzkrise für Hagenbeck noch durch die im Jahre 1874 erfolgte Gründung der Tierhandelsfirma Gebrüder Reiche in Alfeld, die sich schon bald als leistungsfähige Konkurrenz erwies. Auch das Auslandsgeschäft war zu dieser Zeit stark rückläufig. Als Charles Rice 1879 in Berlin bei einem Unfall ums Leben kam, verlor Hagenbeck mit ihm nicht nur seinen Schwager, sondern zugleich seinen wichtigsten englischen Geschäftspartner.

1874 brachte ihn ein enger Freund, der Leipziger Maler Heinrich Leutemann, auf eine interessante Idee: Nachdem Hagenbeck ihm mitgeteilt hatte, daß er eine Rentierherde aus Lappland zu kaufen gedenke, schlug Leutemann ihm vor, diese Tiere von einer Lappländerfamilie begleiten zu lassen. Es müsse doch reizvoll sein, die fremdartigen Menschen in ihren exotischen Trachten und mit entsprechenden Zelten, Waffen, Schlitten und Hausrat nach Hamburg zu holen. Nicht nur Tiere, sondern auch Menschen fremder Völker vor Publikum auszustellen – aus heutiger Sicht ist das ein äußerst befremdlicher Gedanke. Doch in der gesellschaftlichen und kulturellen Situation des späten 19. Jahrhunderts war daran nichts Anstößiges zu finden. Es schien vielmehr eine atemberaubend gute Idee zu sein. Hagenbeck war jedenfalls begeistert. Er schritt sofort zur Tat und beauftragte seinen Agenten, auch eine lappländische Familie mit nach Hamburg zu bringen. Der Transport traf Mitte September 1874 ein, und die Schau wurde sogleich eine Riesensensation: Auf dem Weg vom Hafen zum Pferdemarkt rissen sich zwei Rentiere los, übersprangen Sperren und Zäune und rannten nach einer wilden Verfolgungsjagd schließlich zur Konkurrenz – in den Hamburger Zoo am Dammtor, wo sie Hagenbeck später abholen konnte.

Die Zeitungen berichteten über den Vorfall, der schnell zum Stadtgespräch wurde. Bald standen die Menschen Schlange und staunten nicht nur über die wilden Tiere, sondern sahen zum erstenmal auch

Die Teilnehmer der indischen Völkerschau im Jahr 1878 am Neuen Pferdemarkt.

Menschen aus einer fernen Gegend, von der sie nur eine verschwommene Vorstellung hatten. »Diese erste Völkerausstellung wurde zu einem großen Erfolg«, schrieb Hagenbeck und lieferte folgende Erklärung: »Vielleicht wurde sie es deshalb, weil das ganze Unternehmen mit einer gewissen Naivität und Unverfälschtheit ins Leben getreten war und auch so vorgeführt wurde. Die Gäste aus dem hohen Norden hatten gar keine Begriffe von Schaustellungen und was damit zusammenhängt, und es wurde auch absolut keine Vorstellung gegeben. Die Karawane war auf dem geräumigen Grundstück hinter unserm Hause, am Neuen Pferdemarkt, untergebracht, befand sich also vollständig im Freien, ohne künstliche Kulissen und Hintergründe. Es bot sich hier wirklich ein Bild, das wohl im kleinen eine getreue Kopie des Naturlebens war.«[4]

Die Lappländer fingen ab und zu mit dem Lasso ihre Rentiere ein, die Mutter stillte ihren Säugling, und von Zeit zu Zeit baute die Familie ihr Zelt ab und legte es auf den Schlitten. Ein Rentier wurde angespannt, zog den Schlitten ein paar Meter weiter, dann baute die Familie ihr Zelt wieder auf. Viel mehr gab es nicht zu sehen, aber die Hamburger waren begeistert. Mit eigenen Augen konnten sie nun mitten in ihrer Heimatstadt das primitive Leben eines fernen Volkes sehen, von dem sie zuvor bestenfalls aus phantastischen Reiseberichten erfahren hatten. »Vom ersten Tage an war das Publikum geradezu enthusiasmiert, was ja zum Teil auf die absolute Neuheit nicht nur dieser Vorführung, sondern solcher Vorstellungen überhaupt zurückzuführen ist«, meinte Hagenbeck und fuhr dann fort: »Schon am frühen Morgen des Eröffnungstages begann das Zuströmen des Publikums, und trotz des großen Raumes, der zur Verfügung stand, nahm das Gedränge geradezu beängstigende Formen an. Die Einfahrt des Grundstückes, die sonst nur für Wagen gebraucht wurde, mußte den anströmenden Zuschauern eingeräumt werden. Schließlich blieb nichts anderes übrig, als Schutzmannschaften zu requirieren, um den Zug des Publikums einigermaßen in Schranken zu halten.«[5]

Hagenbeck war davon überzeugt, diese Art der »anthropologisch-zoologischen Ausstellungen« erfunden zu haben. Ganz trifft das allerdings nicht zu, denn – wie Hilke Thode-Arora in einer Studie nachweist – Völkerschauen haben in Europa eine lange Tradition. In ihrem Buch »Für fünfzig Pfennig um die Welt – Die Hagenbeckschen Völkerschauen« schreibt die Ethnologin: »Während die Entdeckungsreisenden zunächst Bewohner der entdeckten Gebiete mitbrachten, um sie ihren Landsleuten und Herrschern zu präsentieren – z. B. Columbus 1493 oder Bougainville und Cook 1769 und 1774 –, so ließen sie sie bald richtige Vorführungen darbieten. Hernán Cortés brachte 1528 eine Gruppe von Azteken nach Europa, die unter anderem acht

Offenbar hatte der Karikaturist der »Fliegenden Blätter« schon ein Gespür für die Fragwürdigkeit der Völkerschauen. Sein im Jahr 1885 veröffentlichtes Blatt, in dem er die Wirklichkeit ebenso witzig wie selbstironisch auf den Kopf stellt, heißt: »Hagenbecks oberbayerische Karawane in Nubien«.

Hagenbecks oberbayerische Karawane in Nubien.

(Man führt uns in neuerer Zeit fremde Völker zum Studium vor. Müßte es nicht von ungemein bildendem Einfluß auf die Wilden sein, die civilisirten Völker in der gleichen Weise kennen zu lernen?)

Little Wolf war im Jahr 1910 Teilnehmer der großen Indianerschau in Stellingen.

Jongleure und zwölf Ballspieler umfaßte. Sie traten vor Karl V. und dem Papst in Rom sowie vermutlich in den Niederlanden auf. 1550 wurde anläßlich des Besuchs Heinrichs II. in Rouen ein brasilianisches Urwalddorf der Tupi am Seineufer nachgebaut, in dem fünfzig Indianer Tänze, Kämpfe, Jagd und Beschäftigungen ihres Alltagslebens zeigten.«[6] Dies alles waren jedoch Bestandteile einer höfischen Festkultur: exklusive Veranstaltungen, mit denen nur ein kleiner Kreis Privilegierter unterhalten wurde. Erst im frühen 19. Jahrhundert konnten die Völkerschauen zum Anziehungspunkt für ein großes Publikum – und damit zum Showgeschäft werden. Vor allem in England und Frankreich gab es bereits in den 20er und 30er Jahren des 19. Jahrhunderts Shows mit Lappländern, Eskimos und Afrikanern. In Deutschland war es tatsächlich Carl Hagenbeck, der diese neuartigen Darbietungen einführte und zum Erfolg machte.

Nachdem, wie Hagenbeck notierte, »ganz Hamburg unsere Lappländer gesehen hatte«, fuhr er mit ihnen auch nach Berlin und Leipzig. Diese erste Völkerschau bestärkte ihn in der Überzeugung, »daß derartige Schaustellungen mit ihrem instruktiven Wert Anklang beim Publikum finden würden«.[7] So blieb es nicht bei den Lappländern. In den Jahren 1876/77 engagierte die Hamburger Firma jeweils eine Karawane Nubier aus dem ägyptischen Sudan, die ebenfalls nicht nur in Hamburg, sondern auch in Paris und London zum Publikumsrenner wurden. Die dritte Nubierschau traf bereits 1878 in Hamburg ein, im gleichen Jahr wurden auch die erste Eskimo- und die zweite Lappländergruppe engagiert. »Bis auf wenige Ausnahmen war der finanzielle Erfolg der Völkerschauen so groß, daß die Verluste des Tierhandels damit gedeckt werden konnten«[8], schreibt Hilke Thode-Arora. Carl Hagenbeck hatte also mit der Organisation seiner Völkerschauen neben dem Tierhandel und dem Tierpark ein sehr profitables neues Geschäftsfeld entdeckt.

Es gab allerdings auch herbe Rückschläge: Da der norwegische Kapitän Johan Adrian Jacobsen die Angehörigen einer Eskimogruppe vor ihrer Abreise nicht hatte impfen lassen, starben sie alle 1880/81 in Hamburg – was Hagenbeck offenbar tief erschütterte und kurzzeitig sogar an dem Projekt der Völkerschau grundsätzlich zweifeln ließ. Doch da das Tiergeschäft zunächst noch schlechtging, machte er schließlich doch weiter, achtete jedoch fortan stärker auf den Gesundheitsschutz seiner Gäste. Dennoch gab es wenig später erneut Todesfälle: Fünf Feuerländer starben im Herbst 1881 und Frühjahr 1882 an Schwindsucht, Masern und Lungenentzündung.

Daraufhin schrieb Hagenbeck an Jacobsen, der gerade für das Berliner Völkerkundemuseum in Nordamerika unterwegs war: »[...] Sie

In den Jahren vor dem Ersten Weltkrieg traten Beduinen, Singhalesen, Birmanen und Indianer bei Hagenbeck vor phantastischen Kulissen als Akrobaten oder wilde Krieger auf.

1911/12 präsentierte Hagenbeck anläßlich einer Völkerschau eine Kalmückengruppe.

wissen, daß ich ein Menschenfreund bin und können sich wohl denken wie mich dieses Unglück mitgenommen hat und habe ich außerdem jetzt auch noch hin und wieder nicht all zu erfreuliches in den Zeitungen darüber zu lesen so daß ich es mir fest vorgenommen habe nie wieder Menschen Ausstellungen zu arrangieren und möchte bitten daß Sie sich ganz hiernach richten [...]«[9]

Inzwischen hatte sich das Tiergeschäft wieder stabilisiert, Erfolg brachte vor allem der Import von Elefanten. Hauptabnehmer waren der amerikanische Zirkusbesitzer Phineas T. Barnum, der schon seit dem Jahre 1872 bei Hagenbeck einkaufte, sowie sein schärfster Konkurrent Forepaugh. »Diese beiden Matadore des amerikanischen Zirkuswesens suchten einander in der Vorführung von Elefanten zu übertrumpfen und hätten sie am liebsten herdenweise dem Publikum gezeigt. Es regnete also große Lieferungsorders, und dies war in mehr als einer Beziehung ein großes Glück für mich«[10], erinnert sich Hagenbeck.

Ende Juni 1881 kam es infolge einer politischen Krise zu unerwarteten Schwierigkeiten. Im ägyptisch beherrschten Sudan, woher Hagenbeck bisher seine Elefanten bezogen hatte, sammelte Muhammad Ahmad Ibn Abd Allah, der sich selbst als Mahdi, Nachfolger des Propheten, ausgab, seine Anhänger und führte sie zum Heiligen Krieg, um die ägyptische Fremdherrschaft abzuschütteln und die Ungläubigen zu bekehren. Im Herrschaftsbereich des Mahdi, der sich bald nicht nur über Nubien, sondern über den ganzen Sudan erstreckte, war der Aufenthalt für Europäer lebensgefährlich geworden. Die Tierfänger flohen Hals über Kopf vor dem Mahdistenaufstand, und Hagenbeck mußte umdisponieren. Seinen bisher im Sudan tätigen Mitarbeiter Joseph Menges schickte er nun nach Ceylon.

Ceylon und Somaliland, wohin Menges nun reiste, wurden jetzt zu wichtigen Importländern für Carl Hagenbeck, der von hier nicht nur Elefanten und andere Tiere, sondern bald auch wieder Eingeborene für Völkerschauen kommen ließ. Was ihn zur Wiederaufnahme der »anthropologisch-zoologischen Ausstellungen« bewogen hatte, ist unbekannt. Über die neue Situation schrieb er: »Inzwischen war nun auch der Elefantenimport aus Ceylon zur Entwicklung gelangt und gestaltete sich recht günstig. Im Jahre 1883 führte ich nicht weniger als 67 dieser Tiere von der Insel aus. Wie etwas Selbstverständliches griff nun das neue Gebiet auch in die Völkerausstellungen ein, die ununterbrochen ihren Fortgang nahmen. Das Jahr 1883 vereinigte wieder einmal äußerste Gegensätze, Indier und – Kalmücken.«[11]

Angehörige ganz unterschiedlicher Ethnien waren in den folgenden Jahren für Hagenbeck tätig. In seinen Erinnerungen zählt er sie einmal folgendermaßen auf: »Lappländer und Nubier, Eskimos und Somali, Kalmücken und Indier, Singhalesen und Hottentotten, die Bewohner der verschiedensten Zonen, ja Antipoden reichten einander in den kommenden Jahren gleichsam die Hände in ihren Zügen durch die europäischen Hauptstädte.«[12] Hilke Thode-Arora hat sich in ihrer Studie auch mit der Rekrutierung der Völkerschau-Truppen beschäftigt, die häufig mit großen Verwaltungshürden und organisatorischen Problemen verbunden war. So mußten Ausreisegenehmigungen der jeweiligen Regierungen oder Schutzmächte eingeholt werden, und zeitweise – etwa während des Ersten Weltkrieges – war auch das nicht möglich. Grundsätzlich verboten war seit dem Jahre 1901 die Anwerbung aus den deutschen Kolonien. Darauf war Hagenbeck allerdings auch nicht angewiesen, da er ja über ein dichtes Netz internationaler Kontakte verfügte.

Aufgrund der großen Popularität veranstaltete Carl Hagenbeck mehrfach Shows mit Teilnehmern aus Ostafrika.

Drei Kriterien waren laut Hilke Thode-Arora für die Auswahl der Völkerschau-Truppen von ausschlaggebender Bedeutung: »Fremdheit, physische Besonderheiten sowie pittoreske Lebensweise und Gebräuche, die sich zur Vorführung eigneten.«[13] Gerade die Vorführung oder – modern ausgedrückt – die Show bekam immer größere Bedeutung. Hagenbeck hob zwar stets den »instruktiven Wert« hervor, doch selbstverständlich ging es ihm vor allem um kommerziellen Erfolg. Daß in der Beurteilung der fremden Völker ein europäisches Überlegenheitsgefühl mitschwingt, kann man Carl Hagenbeck kaum zum Vorwurf machen, da dies dem Geist jener Zeit entsprach. Viele seiner Äußerungen lassen jedoch Sympathie mit den Mitgliedern der Völkerschau-Truppen erkennen, auf deren korrekte Behandlung er stets Wert legte. Das war durchaus keine Selbstverständlichkeit.

»Umlauffs Weltmuseum«, ein damals wohlbekanntes Hamburger Unternehmen, das von Hagenbecks Schwager Johann Friedrich Gustav Umlauff betrieben wurde, zeigte im Jahre 1889 eine Gruppe Samoaner, die der Amerikaner R. A. Cunningham managte. Cunninghams marktschreierische und plakative Art der Präsentation unterschied sich deutlich von Hagenbecks vergleichsweise seriösen Veranstaltungen. Cunningham, der sich damit brüstete, Eingeborene einfach entführt zu haben, behandelte die Mitglieder seiner Gruppe schlecht, was zu zahlreichen Todesfällen führte. »Es spricht für Hagenbecks Qualitätsbewußtsein in Bezug auf Völkerschauen«, urteilt Thode-Arora, »daß er im Gegensatz zum Unternehmen Umlauff Cunninghamsche Völkerschauen mit ihren so offensichtlich ethnographisch falschen Darstellungen nicht übernahm.«[14] Auch persönlich hielt Hagenbeck nichts von dem Amerikaner. »Dieser Cunningham ist ein großer Lump«, schrieb er in einem Brief, »solch einem Kerl kann man nichts anvertrauen und muß nichts darauf geben, was er sagt.«[15]

Farbige Broschüren erläuterten dem Publikum jeweils Herkunft und Eigenart der Völker. Damit sollte den Vorführungen ein seriöser Charakter verliehen werden.

Hagenbecks Völkerschauen boten den Besuchern stets zweierlei: zum einen die Illusion, das alltägliche Leben eines fremden Volkes hautnah mitzuerleben. Während der Öffnungszeiten konnten die Besucher bis dicht an die Zelte oder Hütten herantreten und die Truppenmitglieder bei ihren alltäglichen Verrichtungen beobachten. Aus Hamburger Perspektive muß das Treiben der »Wilden« unerhört exotisch gewirkt haben, so unspektakulär das Gezeigte auch tatsächlich gewesen sein mag. Zum anderen kamen zu bestimmten Zeiten die Vorführungen hinzu, bei denen es sich zunächst um eine ziemlich willkürliche Aneinanderreihung folkloristischer Darbietungen handelte. Üblich waren vor allem Tänze, Gesänge, gelegentlich aber auch Kampfspiele.

In der Gesellschaft des 19. Jahrhunderts, in der sich der größte Teil der Menschen weder Reisen leisten noch verläßliche Informationen über fremde Länder und Kulturen beschaffen konnte, übten derartige Angebote naturgemäß eine enorme Anziehungskraft aus. Nicht nur das breite Publikum, auch Ethnologen interessierten sich für die Angehörigen der Gruppen. Obwohl der Show-Charakter im Vordergrund stand, vermittelten zumindest die von Hagenbeck veranstalteten

Völkerschauen durchaus eine gewisse Vorstellung vom Leben anderer Kulturen. Günther Niemeyer brachte es in seinem Buch »Hagenbeck – Geschichte und Geschichten« auf die Formel: »Völkerschau heißt heute Folklore« – ein Vergleich, der nicht ganz von der Hand zu weisen ist.

Da auch die Zeitungen ausführlich berichteten, wurden einige von Hagenbecks exotischen Gästen zeitweise zu regelrechten Stars. Ein eindrucksvolles Beispiel dafür war der Kameruner Prinz Samson Dido of Didotown, der im Jahre 1887 mit zwei Frauen, einem Kind und vier Gefolgsleuten angereist war. John Hagenbeck, der älteste Sohn aus Gottfried Claes Carls zweiter Ehe, berichtet sogar von einem Zusammentreffen dieses Herrschers mit dem Kronprinzen und späteren deutschen Kaiser Friedrich – obwohl man keineswegs wußte, »ob es mit dem Prinzentum des schwarzen Herrn sehr weit her war«.[16] Der Afrikaner, der in Lendenschurz, aber mit Zylinder hofhielt, war nicht nur in Hamburg, sondern auch in Berlin und Leipzig ein Publikumsmagnet.

Obwohl die meisten der Hagenbeckschen Völkerschauen in Hamburg – entweder auf dem eigenen Gelände oder in »Umlauffs Weltmuseum« – begannen, wurden sie möglichst an verschiedenen Orten gezeigt. Geschäftlicher Erfolg war nur durch lange Tourneen zu

Die Wildwest-Show von 1910 war so spannend und aktionsreich, als ob Karl May das Drehbuch dafür geschrieben hätte.

erzielen. Es gab auch Völkerschauen, die gar nicht nach Hamburg kamen, zum Beispiel die Somalischau, die im Jahre 1895 im Londoner Crystal Palace gezeigt wurde.

Zu diesem Zeitpunkt hatte sich der Charakter der Hagenbeckschen Völkerschauen bereits verändert. Statt einzelner folkloristischer Szenen gab es nun einen dramaturgisch durchdachten Programmablauf, dessen einzelne Elemente im jeweiligen Programmheft erklärt wurden. Wie das aussehen konnte, illustriert ein Zeitungsbericht der Londoner Somalischau von 1895:

»Zuerst sieht man die Eingeborenen ihren üblichen täglichen Beschäftigungen nachgehen. Dann kommt da plötzlich ein Angriff von Räubern, welche versuchen, die auf den rund um das Dorf befindlichen Grasflächen weidenden Dromedare zu stehlen. Mehrere europäische Jäger erscheinen und jagen die Räuber in die Berge. Einige von ihnen werden jedoch gefangengenommen und als Geiseln zurückbehalten, kurz darauf aber durch ein Geschenk von Schafen, Ziegen und Straußen an die Eingeborenen ausgelöst. Als Entgelt für die Geschenke geben die Somali den Räubern einige ihrer Mädchen als Frau. Nachdem der Häuptling den Frieden ausgerufen hat, geben sich die Somali Festlichkeiten hin, die aus Liebes- und Kriegstänzen, Speerwerfen, Schießen mit Pfeil und Bogen, Dromedar- und Pferderennen etc., etc. bestehen.«[17]

Das klingt ganz so, als habe Karl May das Drehbuch geschrieben. Und tatsächlich – die Shows, in denen nun richtiggehende Geschichten erzählt wurden, mußten Bedürfnisse befriedigen, die durch die Lektüre von Abenteuerliteratur geweckt worden waren. Dafür bedurfte es eines ziemlich großen Aufwandes: Man benötigte große Spielflächen und eindrucksvolle, fremd anmutende Kulissen. Diesen Anforderungen

konnte Hagenbecks Gelände am Neuen Pferdemarkt nicht mehr gerecht werden. Als Veranstalter war er auch längst nicht mehr allein, nicht einmal in Hamburg: Schon im Jahre 1878 trat im Ottenser Park eine 59köpfige Zigeunertruppe auf, 1883 konnten die Hamburger in Sagebiels Etablissement einige Araukaner, ein Jahr später am Gänsemarkt sogar leibhaftige Sioux bestaunen.

Als Carl Hagenbeck im Jahre 1884 eine große Ceylonkarawane nach Europa holte, mußte er zum Auftakt in die Moorweidenhalle ausweichen. Das war ein gewaltiger Glaspalast, der ursprünglich auf der Pariser Weltausstellung von 1878 stand, später aber – für eine Gesamtsumme von 300.000 Goldmark – auf die Moorweide versetzt und am 14. September 1881 eingeweiht wurde. Dieses Gebäude, das mehrere tausend Menschen fassen konnte, wurde zum Schauplatz für Hagenbecks bis dahin wohl spektakulärstes Vorhaben. Die Schau, die »von langer Hand sorgsam vorbereitet worden war«, bestand aus 67 Menschen und 25 Elefanten. Hagenbeck beschreibt sie folgendermaßen: »Über meiner Singhalesentruppe lag es wie ein Hauch aus dem alten Wunderland Indien, nicht nur seine bunte pittoreske Außenseite hatten wir eingefangen, sondern auch einen Schimmer seiner Mystik. Das bunte fesselnde Bild des Lagers, die majestätischen Elefanten, teils mit goldstrotzenden Schabracken behangen, teils im Arbeitsgeschirr, gigantische Lasten schleppend, die indischen Magier und Gaukler, die Teufelstänzer mit ihren grotesken Masken, die schönen, schlanken, rehäugigen Bajaderen mit ihren, die Sinne erregenden Tänzen und schließlich der große religiöse Perra-Harra-Festzug – alles

Carl und sein Bruder Wilhelm Hagenbeck entwickelten die »zahme Dressur« – eine Methode, die erfolgreich und bahnbrechend war. Mit einer Dressurnummer »Löwen vor dem Römerwagen« (rechts) hatte der zeitweise bei Hagenbeck beschäftigte Stardompteur Eduard Deyerling im Jahr 1889 sensationellen Erfolg.

das übte einen geradezu bestrickenden Zauber aus, dem die Zuschauer überall erlagen.«[18] Im Jahre 1886 wurde die dritte Ceylonschau ein noch größerer Erfolg: Die Karawane, die aus 70 Gauklern, Musikern, Tänzern und Handwerkern sowie einigen Raubtieren und 25 Arbeitselefanten bestand, reiste durch Großbritannien, Süddeutschland, die Schweiz, Österreich und Frankreich. Allein in Paris lockte die bunte Truppe innerhalb von zweieinhalb Monaten eine Million Besucher an.

Carl Hagenbeck hat seine Völkerschauen immer wieder als »anthropologisch-zoologische Ausstellungen« bezeichnet und damit die Verbindung von Menschen und Tieren hervorgehoben. In allen Völkerschauen wurden Tiere eingesetzt, und Tiere hatten für Hagenbeck auch weiterhin Priorität – nicht allein als Grundlage für den längst wieder florierenden Handel, sondern auch für seine immer perfekter werdenden Vorführungen. Dabei wußte Hagenbeck genau, wie man Publikum anlockt und zufriedenstellt. Er betonte zwar immer wieder den »instruktiven Charakter« seiner Aktivitäten, arbeitete auch mit Zoologen und Ethnologen zusammen, blieb dabei aber immer Geschäftsmann.

Daß Tierliebe zu Carl Hagenbecks herausragenden Eigenschaften zählte, hat er selbst immer wieder betont. Dies wurde auch von Zeitgenossen glaubhaft bestätigt. Eine weitere stark ausgeprägte Fähigkeit war jedoch sein sicheres Gespür für Entertainment. Das belegen nicht allein die erfolgreichen Völkerschauen, sondern auch seine Arbeit mit Tieren. In dem Buch »Carl Hagenbeck und sein Werk« schreibt Alexander Sokolowsky, der als wissenschaftlicher Assistent in Stellingen beschäftigt war: »Der langjährige Umgang mit wilden Tieren, die reichen Erfahrungen in der Behandlung und Pflege derselben, führten den begabten Tierschausteller, der sich nicht begnügen ließ, die vielen Tiere in seinem Tierpark nur der Besichtigung preiszugeben, sondern sich auch berufen fühlte, gezähmte und dressierte Tiere der schaulustigen Menge vorführen zu lassen, zu einer ihm eigenen Tierbehandlung bei der Dressur.«[19]

Im Gegensatz zur konventionellen, auf brutale, tierquälerische Gewalt gegründeten »wilden« Dressur, die in Europa etwa seit 1800 in den Menagerien praktiziert wurde, entwickelte Hagenbeck eine Methode, die er selbst als »zahme Dressur« bezeichnete. Hagenbeck arbeitete mit Lockmitteln, belohnte Leistungen mit Leckerbissen, bestrafte zurückhaltend und maßvoll und übte sich im Umgang mit den Tieren in großer Geduld. Sokolowsky beschreibt es so: »Der Dompteur ist seinen Tieren gegenüber nicht rücksichtsloser Sklavenhalter und Tierschinder, sondern Lehrmeister, der es gut mit ihnen meint, lobt, wo es verdient ist, und tadelt, wo es besser gemacht werden

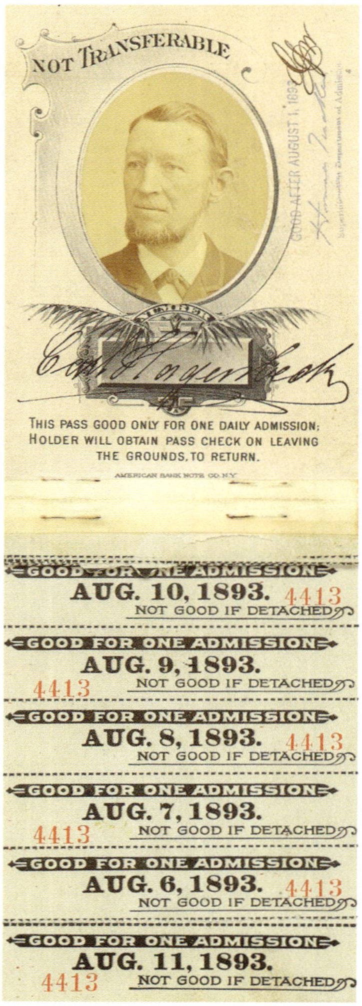

Carl Hagenbecks Originalbillett für die Weltausstellung 1893 in Chicago, an der er sich mit seiner »Zoologischen Arena« beteiligte.

könnte. Dieser erzieherische Weg in der Tierdressur, den Carl Hagenbeck als erster betreten, nimmt volle Rücksicht auf die Tierseele, er ist aus Liebe zu den Tieren entsprungen und erntet auch Anhänglichkeit von Seiten seiner gelehrigen Schüler gegen ihren Lehrmeister.«[20] Das Jahr 1887 brachte eine Neuerung, für die die zahme Dressur eine wichtige Rolle spielen sollte. Am 2. April hatte »Carl Hagenbecks Internationaler Circus und Singhalesen Karawane« auf dem Hamburger Heiligengeistfeld seine Premiere. Neben dem Tierhandel, dem Tierpark und seinen Völkerschauen war nun der Zirkus – dessen komplizierte Entwicklung in einem eigenen Kapitel dieses Buches nachgezeichnet wird – das vierte Geschäftsfeld der Firma Hagenbeck geworden. Ein reichliches halbes Jahr später, am 3. Oktober 1887, starb Gottfried Claes Carl Hagenbeck im Alter von 77 Jahren. Er hatte noch erlebt, daß die von ihm gegründete Firma zu einer weltberühmten Institution geworden war.

Hagenbecks zahme Dressur wurde bald allgemein anerkannt, denn die neue Methode war nicht nur human, sondern auch außerordentlich erfolgreich. Seit dem Jahre 1887 arbeitete der Stardompteur Eduard Deyerling für Hagenbeck mit einer gemischten Raubtiergruppe, die zu erstaunlichen Leistungen fähig war.

Eine der spektakulärsten Aufführungen fand 1893 auf der Weltausstellung in Chicago statt: Anstelle seines plötzlich erkrankten Schwagers Heinrich Mehrmann sprang Carl Hagenbeck kurzfristig ein und führte

Illusion und Wirklichkeit: Während einer USA-Reise ließ sich Carl Hagenbeck (rechts) im Jahr 1883 gemeinsam mit seinem Mitarbeiter Heinrich Mehrmann (Mitte) und dem amerikanischen Zirkusbesitzer Bailey fotografieren. Die Niagarafälle im Hintergrund rauschten jedoch nicht, sie klebten nur als Großfoto an der Studiorückwand.

zur Premiere eine atemberaubende Dressurnummer mit 21 Löwen, Tigern, Leoparden, Kragen- und Eisbären selbst vor.

Obwohl ihm die Dressur ein wichtiges Anliegen war, ging es Carl Hagenbeck vor allem darum, seine Tiere in einem Ambiente zu präsentieren, das ihrer angestammten Umwelt möglichst nahekommen sollte. Das war einerseits für das ausgehende 19. Jahrhundert – die Zeit der großen Weltausstellungen – eine charakteristische Vision, zum anderen jedoch ein Unterfangen, das enorme praktische Schwierigkeiten barg. Wie sollte man ein Stück Wildnis, eine Felslandschaft oder ein paar Quadratmeter Eismeerküste mitten in Hamburg reproduzieren? Immerhin sollte das Resultat ja so perfekt sein, daß sich beim Betrachter die Illusion in gewünschter Weise einstellte.

Seine Idee, einen künstlich gestalteten Naturraum für die Ausstellung von Tieren zu schaffen, setzte Carl Hagenbeck um, indem er Freisichtanlagen entwarf, die mit sogenannten Panoramabauten bestückt waren. Im Jahre 1896 ließ er sich dieses Konzept vom Kaiserlichen Patentamt Berlin schützen. Den Auftakt bildete sein transportables »Nordland-Panorama«, ein von künstlichen Felsen umgebenes Bassin, in dem sich Robben, Seehunde, Seelöwen und andere arktische Tiere tummelten. Es wurde mit großem Erfolg 1896 auf der Berliner Gewerbeausstellung gezeigt und ging anschließend auf Tournee.

Ganz so turbulent dürfte es bei Hagenbecks Dressurnummern wohl nicht zugegangen sein – auch wenn der Maler Heinrich Leutemann behauptete, diese Szene »nach dem Leben gezeichnet« zu haben.

Ballspielende Seehunde gehörten zu jenen Dressurnummern, bei denen Hagenbeck ganz bewußt auf Komik setzte. Beim Publikum kam das stets gut an. Als dieses Zirkusplakat im Jahr 1921 (rechts) erschien, war der Generationswechsel an der Spitze des Unternehmens längst vollzogen. Vor dem Stellinger Eingangstor ist der damals schon verstorbene Carl Hagenbeck mit seinen Söhnen Heinrich und Lorenz zu sehen.

Doch war es auch möglich, Tiere auf Dauer in freien, naturnah gestalteten Gehegen zu halten? Im Gegensatz zur damals gängigen Zoopraxis, nach der tropische Tiere ausschließlich in aufwendig beheizten Häusern gehalten wurden, vertrat Hagenbeck die Ansicht, daß sich die Tiere durchaus nach einer gewissen Zeit akklimatisieren würden – wodurch eine Unterbringung im Freien möglich wäre. Auch für die Besucher müßte es faszinierend sein, wilde Tiere nicht mehr hinter Gittern, sondern fast wie in freier Natur beobachten zu können. Schon seit den 90er Jahren beschäftigte sich Carl Hagenbeck mit zahlreichen Problemen dieser Art. Er wußte allerdings, daß er den damit einhergehenden Anforderungen auf den beschränkten räumlichen Möglichkeiten des alten Firmengeländes am Pferdemarkt nicht würde genügen können.

Schon im Jahre 1888 hatte Hagenbeck in der damaligen Vorstadt Horn ein reichlich 11.615 Quadratmeter großes Areal gekauft, das aber – wie sich später zeigen sollte – keine Erweiterungsmöglichkeiten bot. 1897 kaufte er am Eppendorfer Weg 205/207 ein Grundstück, auf dem einige Tiere untergebracht werden konnten. Im gleichen Jahr griff Hagenbeck schnell entschlossen zu, als ihm in dem damals zu Preußen gehörenden Stellingen ein 27 Hektar großes Gelände für 35.000 Goldmark angeboten wurde. »Nun hatte ich endlich ein prächtiges, hochgelegenes Terrain, welches sich vorzüglich zur Anlage eines Wildparkes eignete«[21], schrieb der Tierhändler, der nun im Begriff war, zum Gründer eines der weltweit berühmtesten zoologischen Gärten zu werden. Man kann sich gut vorstellen, wie er damals über das verwilderte Gelände spaziert ist, den Kopf voller Ideen und Bilder von jenem »Tierparadies«, das schon wenige Jahre später hier entstehen sollte. Im Jahre 1903 verkaufte Hagenbeck das Gelände am Neuen Pferdemarkt und verlegte sein Geschäft nach Stellingen, wo der Tierpark aber erst 1907 für das Publikum eröffnet wurde.

Heinrich Hagenbeck
CH
Carl Hagenbeck ★ 10 JUNI 1844 † 14 APRIL 1913
Lorenz Hagenbeck
Círcus Carl Hagenbeck

Die Zirkusse der Hagenbecks

Obgleich er nach eigenem Bekunden »kein tieferes Interesse an der Sache« hatte, gründete Carl Hagenbeck einen Zirkus. »Es blieb mir eben nichts weiter übrig, als in den sauren Apfel zu beißen, um wenigstens die Unterhaltungskosten für meine Tiere herauszuschlagen.«[1] Selbstverständlich mußte es ein »Zeltzirkus auf amerikanische Art« mit 3.200 Plätzen sein. Offenbar gaben die gigantischen finanziellen und künstlerischen Erfolge von Ernst Jacob Renz (1815–1892), welcher am 10. August 1878 bereits seine dritte Hamburger Spielstätte, einen hölzernen »Zirkus-Palast«, eröffnet hatte, den Ausschlag. Im Gegensatz dazu wählte Hagenbeck aber einen sogenannten »mobilen Tent«. Damit war er nicht, wie häufig zu lesen, der erste deutsche Zirkusunternehmer. Vielmehr hatten Carl Merkel schon 1881, Paul Busch im Jahr 1884 dieselbe Idee. Als »Carl Hagenbecks Internationaler Circus und Singhalesen Karawane« am 2. April 1887 etabliert, reiste er mit erstklassigem Programm von Hamburg in zahlreiche deutsche Städte, wobei er sich bald nur noch »Circus Carl Hagenbeck« nannte.

Im Jahr 1889, nachdem er die »wertvolleren Tiere« an Barnum and Bailey verkaufen konnte, überließ Hagenbeck seinem Geschäftsführer Richard Drexler das Unternehmen »gegen Abzahlung«.[2] Er selbst widmete sich neben dem Tierhandel der Propagierung der zahmen Dressur und bereitete für die Weltausstellung in Chicago 1893 »Hagenbecks Zoologische Arena« vor, ein Zirkusprogramm, das allein aus Dressuren bestand; selbst der Clown Beketow arbeitete mit Schweinen. Kurz vor Fertigstellung des Programms verlor er einen Großteil seiner Tiere durch Krankheiten. »So kaufte ich denn von meinem Bruder Wilhelm drei schöne Gruppen, die gerade fertiggestellt worden waren.«[3] Im Jahr 1895 ging Heinrich Mehrmann mit diesen Tieren auf europäische Reisen zwischen Kopenhagen und Nizza. Mit weiteren Dressuren aufgestockt, machte »Carl Hagenbecks Zoologischer Circus« 1896 bei der Berliner Gewerbeausstellung Furore.[4]

Einen noch größeren und noch perfekteren Zoo-Zirkus stellte der unermüdliche Geschäftsmann im Jahr 1904 zur Weltausstellung in St. Louis vor. Dieser, von Sohn Lorenz geleitet, vereinigte sich 1907 mit der »Great Wallace Show« zum »Hagenbeck-Wallace Circus«, der jahrelang durch die USA tourte.[5] 1910 schickte Carl den nächsten Zoo-Zirkus zur Welt-Eisenbahn-Ausstellung nach Buenos Aires, 1913 »Carl Hagenbeck's Wonder-Zoo and Big Circus« in die Olympia Hall nach London.

An diese für die damalige Zeit einmalige Internationalität knüpfte Lorenz Hagenbeck an, als er am 3. März 1916 in Christiania (Oslo) mit dem von Adolf Straßburger erworbenen Material den (Zelt-)»Circus Carl Hagenbeck – Stellingen« ins Leben rief, ein Unternehmen, welches das zirzensische Spektrum wieder erweiterte, höchsten Ansprüchen an Qualität und Originalität genügte und – noch heute als »der Weltreisende unter den Circussen« gilt.[6] Er gastierte in England, Skandinavien, den Benelux-Staaten, in der Schweiz, in Frankreich, Polen (1917!), Österreich, der Tschechoslowakei; in den Jahren 1927/28 und 1936/37 in Südamerika, 1933/34 in Japan, Indien, China, Ägypten, Spanien ... Um ein solches Pensum zu bewältigen, schickte Lorenz unter Generaldirektor Richard Sawade zeitweise bis zu drei Zirkusse gleichzeitig auf die Reise, ließ am 19. Februar 1919 in Essen einen Festbau eröffnen[7], erwarb Renz' Gebäude in Wien und spielte jahrelang in Schevenin-

Auch dieses Zirkus-Programmheft von 1951 zeigt keine Artisten, sondern ausschließlich Tiere, was dem Hagenbeckschen Konzept des »Zoo-Circus« entsprach.

gen. Ab 1937 stellte er ungewöhnliche Dressuren für die Show »Menschen – Tiere – Sensationen« in der Berliner Deutschlandhalle bereit. Das Kriegsende erlebte der Zirkus in Schweden; die Tiere wurden als deutsches Eigentum beschlagnahmt und an Ringling und Schumann verkauft.[8]

Den letzten Circus Carl Hagenbeck initiierte Lorenz (nach einem bescheidenen Kinderzirkus in Stellingen) am 1. April 1949. Die Leitung übertrug er seinem Sohn Erich und dem Neffen Fritz Wegner. Doch schon im Herbst 1953 wurde er wieder stillgelegt. Lorenz Hagenbeck: »Die [...] Unkosten erfordern einen Großbetrieb und einen Personalstab, für den das geteilte Deutschland heute zu klein geworden ist.«[9]

Die zweite Zirkuslinie der Hagenbecks geht auf Wilhelm Hagenbeck zurück. Im Gegensatz zu seinem älteren Bruder Carl trat Wilhelm wenig an die Öffentlichkeit. Sein Metier war die Dressur. Bereits im Jahr 1879 eröffnete er »Wilhelm Hagenbecks größte und renommierteste Dressur-Anstalt für wilde Tiere«, aus der noch im gleichen Jahr eine Gruppe von fünf Löwen, vorgeführt von einer Singhalesin, hervorging. Es folgten so sensationelle Nummern wie der erste radfahrende Elefant (1882), der reitende Löwe (zwischen 1889 und 1895 18mal dressiert!), der Königstiger zu Pferd (1892), eine Gruppe von zwölf Eisbären, zwei Hunden, einem Pony (1898)..., dazu diverse gemischte Raubtiergruppen, Affen, Giraffen, Zebras; kurzum, es »wurde alles dressiert, was gefragt und zu bekommen war«[10]. Abnehmer waren alle bedeutenden Zirkusse der Welt – als Käufer oder Mieter. Die Preise waren nicht gering; ein reitender Tiger (samt Rotschimmel, Dogge, Käfig und Zentralkäfig) kostete z. B. 10.000 Mark, eine Gruppe von fünf Indischen Elefanten mit drei Windhunden 30.000 Mark.[11]

Wilhelm war es auch, der den zerlegbaren Zentralkäfig erfand, welcher den Einsatz von Raubtiergruppen im Zirkus ermöglichte. In diesem Licht erscheint Carls Behauptung, im Jahr 1887 die zahme Dressur entwickelt zu haben, fraglich. Erfunden haben sie sie übrigens beide nicht, »denn diese gab es schon lange. Sie wurde in ganz besonderem Maße populär gemacht durch die weltbekannten Dompteure Van Amburgh, François Bidel, Upilio Faimali, Henri Martin, Pezon und Bostock.«[12]

Im Jahr 1908 entschloß sich Wilhelm, in Braunschweig einen eigenen Zirkus mit einem 6.000 Personen fassenden Ovalzelt zu eröffnen, den er »Wilhelm Hagenbecks größte Raubtier-Dressur-Schau der Erde« nannte. »Einzigartig in ihrer Art und das Grossartigste aller derartigen Unternehmungen«[13], so stand es vollmundig im Programmheft, was keineswegs über-

Der Circus Carl Hagenbeck – Stellingen galt am Anfang dieses Jahrhunderts als »der Weltreisende unter den Circussen«. 1933/34 war die Truppe mit dem Dampfer »Saarland« in Ostasien auf Tournee.

Ein »Zeltcircus auf amerikanische Art«: Der Circus Carl Hagenbeck hat sein Chapiteau auf dem Heiligengeistfeld aufgeschlagen.

trieben war; denn neben den üblichen Pferden, Exoten u. ä. gingen 300 Raubtiere, darunter 70 Eisbären, sowie zehn Elefanten mit auf die Reise! Mit der Leitung beauftragte Wilhelm seine Söhne Carl (Generaldirektor), Gustav (Administration) und Willy (Künstlerischer Direktor und Erster Dompteur).

Als der Vater im Jahr 1910 starb, führte Carl das Geschäft als »Circus Wilhelm Hagenbeck« weiter. Nach erfolgreichen Gastspielen im In- und Ausland (u. a. Rußland!) setzte der Erste Weltkrieg ein vorläufiges Ende. Von 1923 bis 1931 reiste das Unternehmen erneut, bis die Weltwirtschaftskrise seine endgültige Aufgabe erzwang. Carls Frau Friederike ließ den Zirkus 1954 unter alter Bezeichnung noch einmal aufleben, mußte ihm jedoch nach familiären Querelen ihren Vornamen geben. Im letzten Jahr seiner Existenz (1963) trug er den Namen von Friederikes Tochter Carla.

Der dritte Zirkus des Namens Hagenbeck war jener von Willy, der ein meisterlicher Tierlehrer, jedoch ein glückloser Direktor war. Schon kurze Zeit nach seiner Gründung im Frühjahr 1914 mußte er in Prag kriegsbedingt die Segel streichen. Im Jahr 1928 wagte Willy einen neuen Anlauf. Er übernahm von der Alfelder Tierhandlung Ruhe einen kompletten Zirkus, der ursprünglich für einen Auftraggeber in der UdSSR zusammengestellt, jedoch nicht abgenommen worden war, und präsentierte ihn als »Original Circus und Raubtier-Dressurschau Willy Hagenbeck«. Sehr erfolgreich, expandierte das Geschäft sogar – bis es 1933 in Italien der Weltwirtschaftskrise zum Opfer fiel. Erst 1952 startete Willy, nun als »der alte Hagenbeck« apostrophiert, erneut mit einem Zirkus. 1961 verpachtete er ihn samt Namen an Oskar Hoppe. Von dessen Frau Ingrid wurde er bis zum Jahr 1982 geführt.

Schon das prächtige Jugendstil-Portal stimmt die Besucher ein

Zoologisches Paradies der Zukunft: der Tierpark in Stellingen 1907–1913

Beim Bau der Anlage wurden Elefanten zum Transport schwerer Lasten eingesetzt

DAS GRUNDSTÜCK, das Carl Hagenbeck im Jahre 1897 in Stellingen erworben hatte, lag zwischen den heutigen Straßen Hagenbeckallee, Tierparkallee und Gazellenkamp und wurde damals im Westen noch von der Kaiser-Friedrich-Straße, der Verlängerung der heutigen Hagenbeckstraße, begrenzt. Innerhalb von fünf Monaten ließ Hagenbeck zwölf große Gehege und fünf Ställe errichten, die viel Platz für einen Teil seiner Tiere boten.

Das Dorf Stellingen lag im preußischen Holstein an der Chaussee von Altona nach Pinneberg. Die Bauern lebten überwiegend von der Milchwirtschaft, es gab aber bereits einige kleine Gewerbebetriebe sowie das Heim für körperbehinderte Kinder »Alten Eichen«. Durch die Nähe zu Hamburg und Altona stieg die Bevölkerung des Dorfes innerhalb von 50 Jahren von 870 auf 6.098 Einwohner (1907) an.[1] Um die Verkehrsanbindung seines Grundstücks in Stellingen zu beschleunigen, kaufte Hagenbeck zusammen mit zwei Geschäftspartnern Stellinger Ländereien bis an die Grenze zum hamburgischen Eimsbüttel auf und betrieb deren Erschließung. Im Jahre 1907 wurde eine elektrische Straßenbahn von Hamburg nach Stellingen eröffnet.

Dieses Landhaus, das Carl Hagenbeck zum Wohnsitz nahm, war bereits vorhanden, als er im Jahr 1897 das Areal in Stellingen für seinen neuen Tierpark kaufte.

Kamele als Zugtiere: Schon 1903, vier Jahre vor Eröffnung des Tierparks, zog die Firma Hagenbeck nach Stellingen um.

Das Bild, das Carl Hagenbeck von seinem Tierpark der Zukunft in Stellingen vorschwebte, ließ er bereits 1898 als Stich in illustrierten Zeitschriften drucken: Sein »Zoologisches Paradies« war eine Urweltlandschaft mit Teichen, Wäldern und Gebirgen, in denen eine Vielzahl von Tierarten unterschiedlicher Regionen friedlich miteinander lebte. In seinen Erinnerungen schrieb er, »daß der leitende Gedanke der war, die Tiere in größtmöglicher Freiheit vorzuführen und damit gleichzeitig zu zeigen, was die Akklimatisation zu tun vermag. Ich wollte den Tierliebhabern an einem großen, praktischen und dauernden Beispiel zeigen, daß es gar nicht nötig ist, luxuriöse und kostspielige Gebäude mit großen Heizanlagen einzurichten, um die Tiere am Leben und gesund zu erhalten, sondern daß der Aufenthalt in freier Luft und die Gewöhnung an das Klima eine weit bessere Gewähr für die Erhaltung der Tiere bietet. Die Hauptanziehungskraft des geplanten Tierparks sollte in der neuartigen Unterbringung der Tiere zu suchen sein. Ein modernes Tierparadies sollte sich da aufbauen, wo jetzt noch nichts zu sehen war als Kartoffeläcker. Von einem gegebenen Punkte des Gartens sollte man die Tiere aller Zonen, in großen Abstufungen, und jede Art in einer ihrer Heimat angemessenen Umgebung, gleichsam frei sich bewegen sehen.«[2] Mit diesen Vorstellungen unterschied sich Carl

Hagenbeck grundsätzlich von den bis dahin existierenden Tierpark- und Zooanlagen, in denen die Tiere – wie seit Jahrhunderten üblich – noch weitgehend in Gitterkäfigen gezeigt wurden. Bereits mehrfach hatte er seit den 1890er Jahren auf Ausstellungen in seinen berühmten Panoramen Tiere in ihrem – angedeuteten – natürlichen Umfeld vorgeführt und so den Besuchern die neuartige Illusion von Naturerlebnis und direktem gitterfreiem Kontakt zu wilden Tieren vermittelt. Am Neuen Pferdemarkt war dies schon aus Platzgründen nicht möglich, in Stellingen sollte seine Vision von einem modernen Zoo wahr werden.

Bis zur Verwirklichung dieser Idee folgten jedoch noch über zehn Jahre Planungen und Bauarbeiten in Stellingen. Vor dem Bau von Gehegen und Gebäuden waren umfangreiche Erdbewegungen nötig. Teiche wurden ausgehoben und Hügel angelegt. Elefanten dienten zum Transport schwerer Lasten oder als Zugtiere für die Loren auf Schienen. Der Architekt Johannes Wald ließ seit dem Jahre 1902 im Norden des Geländes ein großes Zentralgebäude errichten, mit Verwaltungsräumen, einer Dressur- und einer Elefantenhalle sowie Käfigen für Affen und Raubtiere. Die Familie Hagenbeck wohnte in einem daneben liegenden, bereits zur Zeit des Ankaufs vorhandenen Landhaus. Zentrum des entstehenden Tierparks war ein riesiges Panorama. Es erstreckte sich quer über das Gelände von einem Vogelteich über ein Heufressergehege – eine afrikanische Steppe – und eine Raubtierschlucht bis zu einem künstlichen Hochgebirge. Der Besucher konnte – und kann auch heute noch – verschiedene Tierarten in einer nachgebildeten typischen Umwelt betrachten und bemerkt nicht die verdeckten, zwischen den einzelnen Landschaftsformen hindurchführenden Spazierwege.

Für das riesige Panorama, das den Mittelpunkt des neuen Tierparks bildet, mußte zunächst ein skelettartiges Gerüst gebaut werden.

Als Carl Hagenbeck allerdings im Oktober 1904 den Bauantrag für das Raubtiergehege stellte, hatten die Baupolizeibehörden in Altona Bedenken; da sich die Altonaer Behördenvertreter für ein Gutachten als nicht kompetent erklärten, wurde die Baugenehmigung erst nach einer positiven Stellungnahme der Zoodirektion aus Hamburg und Berlin erteilt.[3] Hagenbeck hatte bereits seit einigen Jahren Versuche mit dem Sprungvermögen von Raubtieren vorgenommen, so daß er die Trenngräben entsprechend breit konstruieren lassen konnte.

Landschaftsbilder auf engstem Raum: Hinter dem Vogelteich erstrecken sich eine »afrikanische Steppe« und eine Raubtierschlucht. Dahinter ragen die Felsen des künstlichen Hochgebirges auf.

Nach seinen Vorgaben ließ der Schweizer Bildhauer Urs Eggenschwyler die Landschaften ausführen. Im Nordwesten des Geländes entstand, nach den bewährten Entwürfen für die Ausstellungen in Berlin und St. Louis, ein Eismeer-Panorama mit Eisbären, Seehunden, Robben und Rentieren. Die Unterkonstruktionen der Panoramen bestanden aus Holzgerüsten, die erst in neuerer Zeit durch Stahlträger ersetzt wurden. Von einem großen Restaurant mit einem Konzertplatz hatte der Besucher einen weiten Blick auf den Tierpark. Hier zeigt sich das vielfältige Konzept Carl Hagenbecks: die Verbindung von Tierpräsentation, Gastronomie, Unterhaltung und Erholung in einem großen Freizeitpark. Natürlich gab es neben dem Restaurant einen Kinderspielplatz, und am Hauptgebäude konnten Kinder auf Ponys, Elefanten, Eseln und Dromedaren reiten oder in kleinen Kutschen und einer Miniatur-Eisenbahn umherfahren. Eine hölzerne Rutschbahn durch das Eismeer-Panorama hindurch mußte jedoch wegen Unfallgefahr kurz nach der Eröffnung wieder geschlossen werden.

Neben den Panoramen gab es noch zahlreiche Gehege für einzelne Tierarten, so für Strauße, Stachelschweine, Antilopen, Giraffen, Känguruhs, Elche, Büffel, Hirsche und Wasservögel, Häuser für Reptilien, Käfige für einzelne Raubtierarten und Affen sowie Volieren

Das Nordland-Panorama gehörte von Anfang an zu den Attraktionen des Tierparks.

Exotik – hier eine frühe Aufnahme der Japaninsel – war Bestandteil des Gestaltungskonzeptes. Ganz ohne Käfige kam auch der Stellinger Tierpark nicht aus, wie dieses historische Bild der großen Vogelvoliere zeigt.

für Papageien und andere Vögel. Durch die neuartige Tierpräsentation wollte Hagenbeck den Besuchern fremde Naturwelten vorführen; daß es ihm – wie bei den Völkerschauen – aber auch weiterhin um die Zurschaustellung fremder Kulturen ging, zeigt die Anlage einer Japaninsel hinter der Hochgebirgslandschaft. Dieses Programm des Tierparks wurde dem Besucher gleich beim Betreten des Geländes verdeutlicht: das imposante Tor mit seinem auffälligen Skulpturenschmuck zeigt wilde Tiere und fremde Völker, es war der Eingang in eine exotische Welt.

Am 7. Mai 1907 erfolgte die festliche Eröffnung des Tierparks für Besucher, und das Publikum strömte aus Hamburg und von fern nach Stellingen. Mit entsprechend öffentlicher Wirkung in der Presse und als Werbung für den Zoo besuchten in den ersten Jahren nicht nur Prominente wie Thomas Alva Edison, die Könige von Dänemark und von Sachsen sowie Prinzessin Victoria-Luise von Preußen, sondern auch Kaiser Wilhelm II. und Kaiserin Auguste Victoria mehrfach den Tierpark. Insgesamt soll Wilhelm II. viermal Stellingen besucht haben und nicht ein einziges Mal den Berliner Zoo, ein Zeichen für seine Verbundenheit mit Carl Hagenbeck und dessen internationalen Geschäftsverbindungen. Als der Kronprinz und die Kronprinzessin bei einem Besuch in der Dressurhalle junge Tiger auf den Arm nahmen, wurden Fotos davon nicht zur Veröffentlichung freigegeben, vermutlich weil es dem staatsmännischen und militärischen Ansehen des Kronprinzen nicht zuträglich erschien, ihn als tierlieb zu zeigen.

Die deutsche Kaiserin eröffnete im Juni 1909 ein neues Gehege im Tierpark, das mit weitreichenden Ambitionen eingerichtet wurde: die erste deutsche Straußenfarm. Bereits am Neuen Pferdemarkt hatte Hagenbeck Akklimatisierungsversuche mit afrikanischen Straußen gemacht, die aber in den geheizten Räumen gestorben waren. Versuche in Stellingen seit dem Jahre 1903 zeigten, daß die Strauße bei genügend

Nicht nur zur Eröffnung am 7. Mai 1907 kam reichlich Prominenz. Auch später besichtigten berühmte Besucher wie Thomas Alva Edison (Mitte rechts) oder – sogar mehrmals – Kaiser Wilhelm II. und Mitglieder seiner Familie Hagenbecks Tierpark.

Seit dem Jahr 1903 hatte sich Hagenbeck mit Straußenzucht beschäftigt, 1909 konnte er in Stellingen Deutschlands erste Straußenfarm eröffnen. Leiter wurde der Amerikaner John T. Millen, der hier in seinem »Dienstfahrzeug« zu sehen ist.

Auslauf sogar im Winter in ungeheizten Räumen leben konnten. Die neue Straußenfarm umfaßte eine große Schutzhalle für 120 Strauße, Einzelgehege für Zuchtpaare und ein Kükenhaus mit Brutmaschinen.[4] Durch eine Glaswand konnten die Besucher die Küken beobachten, die auf einer erwärmten Sandschicht umherliefen. Zweck der Straußenfarm war weniger die Tierhaltung und Zurschaustellung als vielmehr die Gewinnung der begehrten Federn. Aus den wertvollen Flügel- und Schwanzfedern der Tiere wurde Damenschmuck, wie Federboas oder Hutdekorationen und Fächer, gefertigt; in einem anliegenden Verkaufsraum konnten diese Produkte besichtigt und erworben werden, ein illustrierter Katalog wurde an auswärtige Interessenten versandt. Als Leiter der Farm gewann Hagenbeck den Amerikaner John T. Millen, der bereits auf Straußenfarmen in den USA und in Nizza Erfahrungen gesammelt hatte. Der Erfolg des Federhandels veranlaßte Hagenbeck, weitere Anlagen dieser Art in Deutsch-Ost- und Südwestafrika, auf Sardinien sowie auf der Adria-Insel Brioni einzurichten, wo er von 1911 bis 1922 auch eine Akklimatisierungsstation für seine nach Europa importierten Tiere betrieb.

Auch nach der Eröffnung des Tierparks im Jahre 1907 wurde dessen Ausbau bis 1914 weiter fortgesetzt: Gehege wurden umgebaut und neue Attraktionen für die Besucher geschaffen. So wurde das Eismeer-Panorama um ein Südpolar-Panorama erweitert, nördlich der Japaninsel entstand ein Affenfelsen (1913); nachhaltiger war aber die Erweiterung des Tierparkgeländes nach Osten, auf die andere Seite der damaligen

Kaiser-Friedrich-Straße (heute Hagenbeckstraße). Eine Brücke verband beide Teile des Geländes, und mitunter gab es das ungewöhnliche Schauspiel zu bestaunen, daß Elefanten diese Brücke überquerten. Das neue Areal, das bis an die Lokstedter Grenzstraße reichte, war vor allem für die Völkerschauen vorgesehen, Hagenbeck ließ dort aber noch weitere Attraktionen errichten. Im Norden entstanden Gehege mit europäischen Tieren, z. B. Hirschen, und eine Raubvogelvoliere. Zwei kleine Felsenanlagen wurden für Biber und Biberratten geschaffen. Ein Gebäude am Ostrand beherbergte ein Aquarium, Vivarium und Insektenhaus. Ein Sommerrestaurant mit Terrassen und einem Konzertplatz bot 6.000 Besuchern Platz, sein Aussichtsturm erlaubte einen weiten Blick über das Tierparkgelände hinaus. Daneben lagen ein Kinderspielplatz und eine Picknickwiese. Exotik vermittelte der See vor dem Restaurant mit einer Brücke und einer birmanischen Tempelruine, die im Jahre 1913 anläßlich einer Birma-Völkerschau errichtet wurde.

In die Frühgeschichte der Tierwelt wurden und werden die Besucher in der Urweltlandschaft entführt: riesige steinerne Saurier bevölkern das Ufer eines Teichs, schauen aus dem Wasser hervor, grasen und bekämpfen sich. Hagenbeck ließ diese Tierplastiken verschiedener Saurierarten durch den Düsseldorfer Tierbildhauer Josef Pallenberg in den Jahren 1908/09 schaffen, um seiner lebendigen Tierwelt auch eine

Da die Kaiser-Friedrich-Straße direkt durch den Tierpark verlief, waren die beiden Teile des Areals zunächst durch eine stabile Brücke verbunden. Auch Zebras und Kamele wurden als exotische Zugtiere genutzt.

Schon seit der Eröffnung war das Elefantenreiten bei den Besuchern außerordentlich beliebt.

längst vergangene gegenüberzustellen und um den Bildungs- und Erlebniswert seines Tierparks zu erhöhen.

Der Ostteil des Tierparks bot ideale Voraussetzungen, um Völkerschauen in großem Umfang spektakulär in Szene zu setzen. Hagenbeck ließ zu diesem Zweck eine weite Arena anlegen, neben der sich noch genügend Platz für Wohnsiedlungen – Zelte und Hütten – und Verkaufsstände der hier gastierenden Völkerschau-Truppen befand. Das exotische Völkerschau-Spektakel sollte optimal ausgenutzt werden: mit Tanz-, Spiel- und Kampfszenen, Besichtigungsmöglichkeit der Behausungen und Verkauf von Handwerkserzeugnissen aus den Herkunftsländern der Völker.

Zwischen 1907 und 1913 ließ Hagenbeck durch seine Werber – soweit feststellbar – insgesamt 18 Völkerschauen organisieren, von denen die meisten in Stellingen, u. a. aber auch in Rotterdam, London und Argentinien auftraten. In Stellingen konnten große Kulissen errichtet werden, um die Schauen noch wirkungsvoller in Szene zu setzen: Indianerdörfer, indische Paläste, afrikanische Wüstengebäude und ägyptische Pyramiden. Somali, Massai, Beduinen und Araber, Ceylonesen, Singhalesen, Kalmücken, Lappen und Eskimos lockten Tausende von

Die aufwendig ausgestatteten Spielplätze des Tierparks lockten schon Anfang des Jahrhunderts Kinder an.

Zuschauern in Hagenbecks Tierpark. Aus Ostafrika wurde wiederholt – wie bereits 1895 am Neuen Pferdemarkt – der Somali Hersi Egeh Gorseh mit einer Somalischau verpflichtet.[5] Am erfolgreichsten war die Indianer- und Cowboy-Show im Jahr 1910, an der 42 Oglala-Sioux aus der Pine-Ridge-Reservation in den USA beteiligt waren, die bereits Erfahrungen aus ähnlichen Shows hatten. Sie erfüllten die Erwartungshaltung des Publikums, dessen Phantasien vom Wilden Westen durch angeblich reales Erleben bestätigt wurden.

Carl Hagenbecks Erfolg mit der neuartigen Tierparkgründung in Hamburg bestärkte ihn, seit dem Jahre 1909 mit der Unterstützung Wilhelms II. ein ähnliches Projekt auch in Berlin zu planen. Er wollte auf der Jungfernheide mit Hilfe einer GmbH einen solchen Park einrichten. Da seitens der Vertreter des dortigen Zoologischen Gartens natürlicherweise Widerstände dagegen erfolgten, veranstaltete Hagenbeck im Herbst 1911 in einer Halle am Kurfürstendamm die große Tier- und Völkerschau »Nordland«. Ein Entwurf für den Berliner Tierpark aus dem Jahr 1912 zeigt eine modellierte Landschaft wie in Stellingen, in Regionen mit den Namen der fünf Kontinente unterteilt. Es waren u. a. eine Affenschlucht, eine Urwelttiergruppe, eine Straußenfarm, ein Haupt- und ein Sommerrestaurant mit Konzertplatz, ein Kinderspielplatz und eine Arena für Völkerschauen geplant.[6] In der Berliner Stadtverordnetenversammlung wurde das Projekt im Jahre 1912 zwar positiv beurteilt, zur Ausführung kam es dennoch nicht, zunehmender politischer Druck, Hagenbecks Planungen in Hamburg und nicht zuletzt sein sich verschlechternder Gesundheitszustand könnten dafür ausschlaggebend gewesen sein.

Von den Tierparkführern erschienen nahezu jährlich – hier 1909 und 1911 – neue Ausgaben, die Geschmack und Ästhetik der jeweiligen Zeit widerspiegeln.

Auch in Rom war Hagenbeck an der Planung des neuen Zoos beteiligt. Seit 1909 wurden er und sein Sohn Heinrich zu den dortigen Beratungen hinzugezogen, da der Tierpark in Stellingen als vorbildhaft galt. Für die Gestaltung der Freigehege lieferte wieder Urs Eggenschwyler seine Ideen. Am 5. Januar 1911 wurde der Zoo in Rom unter Teilnahme von Carl Hagenbeck festlich eröffnet, Direktor war bis 1914 ein ehemaliger Mitarbeiter Hagenbecks, der Zoologe Theodor Knottnerus-Meyer.[7]

Die Erfolge Hagenbecks mit seinem neuen Tierpark, die steigenden Besucherzahlen und nicht zuletzt wohl auch seine öffentliche Präsenz erzeugten Widerspruch. Der seit dem Jahre 1863 bestehende Hamburger Zoo am Dammtor-Bahnhof verzeichnete zurückgehende Besucherzahlen und mußte seit 1908 von der Stadt finanziell unterstützt werden. 1909 begann – mit gleichzeitigen Modernisierungsvorschlägen für den Hamburger Zoo – eine öffentliche Kritik von Zoofachleuten, insbesondere Direktoren anderer Zoos, an Hagenbecks Tierpark.[8] Es wurde ihm vorgeworfen, daß seine Ideen zur Akklimatisierung der Tiere nicht neu seien und die Artenvielfalt in Stellingen vergleichsweise gering sei, beides Argumente, die Hagenbeck bestritt. Die Tiere würden entgegen ihrer Natur durcheinanderlaufen und seien deshalb für den Besucher nur schwer zu bestimmen; außerdem könnten so Krankheiten schneller übertragen werden. Grundsätzlich wurde an Hagenbecks Tierpark immer wieder bemängelt, daß er weniger der Volksbildung und Wissenschaft als der Unterhaltung diene. Wurde die Tiervielfalt des großen Panoramas in Stellingen auch von der Fachwelt abgelehnt, so fand das Nordland-Panorama wiederum Anerkennung, da es eine artgerechte Haltung zeige. In seiner Beschreibung aller Zoos der Welt schreibt Friedrich Knauer im Jahre 1914: »Hagenbecks Zoologischer Garten in Stellingen (bei Hamburg) unterscheidet sich in mehrfacher Hinsicht von den meisten anderen deutschen Tiergärten. Ich meine da weniger die ganze theatralische Art der Anlage, die von unberufener Seite als richtunggebend für künftige Tiergartenanlagen ausposaunt wurde, sondern andere bestimmende Momente. Wie ja nicht anders zu erwarten war, dient der Stellinger Garten nicht nur der Schaulust der Besucher, sondern in erster Linie den Bedürfnissen der weltbekannten Tierhandlung Hagenbeck. Es wechselt daher der Tierbestand des Gartens beständig [...] Und noch eines läßt sich in einem solchen, dem Tierhandel dienstbar gemachten Garten nicht leugnen, daß die hier untergebrachten Arten nicht nur, weil sie in größerer Individuenzahl zusammenhausen, sondern auch, weil sie aus ihrer ursprünglichen Heimat hierhergebracht, ganz kurze Zeit in Gefangenschaft sich befinden, dem Beschauer viel munterer, beweglicher, naturgemäßer sich geben.«[9]

In all der Kritik an Hagenbecks Konzeption werden die Vorbehalte aus der Sicht eines wissenschaftlich gebildeten Zoologen, wie er im 19. Jahrhundert einem der zoologischen Gärten vorstand, aber auch gleichzeitig die Anerkennung seiner neuen Ideen deutlich. Hier zeigt sich eine Ambivalenz in der Beurteilung des Stellinger Tierparks, die auch in den darauffolgenden Jahrzehnten wiederholt zu spüren sein wird.

Die Probleme des Hamburger Zoos führten in den Jahren 1909 bis 1912 zu – anfangs geheimen – intensiven Gesprächen zwischen Carl Hagenbeck und dem Hamburger Senat über einen Kauf des Stellinger Tierparks durch die Stadt und die gleichzeitige Aufgabe des alten Zoos.[10] Die Verhandlungen waren bereits weit gediehen, scheiterten dann aber an den hohen finanziellen Forderungen Hagenbecks, dem Problem, daß Stellingen noch nicht zu Hamburg gehörte, sondern in Preußen lag, Hagenbecks damaligem Engagement für einen Tierpark in Berlin und der sich für den alten Zoo einsetzenden öffentlichen Meinung. Zudem wurde Hagenbecks einziger Zoologe, Alexander Sokolowsky, im Jahre 1911 Direktorialassistent des Hamburger Zoos.

Im Briefkopf der Firma Hagenbeck stand auch nach dem Umzug nach Stellingen weiterhin »Handels-Menagerie und Thierpark«, ein Hinweis auf den nach wie vor dominierenden Tierhandel. In den Tierparkbroschüren der damaligen Zeit, die jährlich in neuer und aufwendiger Aufmachung erschienen, wird das Hauptgebäude auch »Handelsabteilung« genannt. Das großräumige Areal in Stellingen eröffnete die Möglichkeit, ständig eine große Zahl verschiedener Tierarten zu halten und zum Verkauf anzubieten.

Hagenbecks Handelsverbindungen waren seit den 1880er Jahren weltweit, seine Hauptabnehmer waren Zoos und Zirkusunternehmen in den USA. Er bezog Tiere über seinen Halbbruder John aus Ceylon und über Tierhändler in England, die gute Verbindungen ins britische Kolonialreich unterhielten. Aber auch die Interessen des Deutschen Kaiserreichs, Kolonien in Übersee aufzubauen, nutzten Hagenbeck. Im Jahre 1905 erhielt er vom deutschen Kolonialministerium den Auftrag, mehr als 2.000 Reitdromedare an die Kolonialtruppen in Deutsch-Südwestafrika zu liefern. Für dieses umfangreiche Vorhaben engagierte Hagenbeck den Tierfänger und -händler Joseph Menges, der bereits oft für ihn gearbeitet hatte. In einer beispiellosen organisatorischen Leistung – mit Futterlieferungen aus Deutschland und gecharterten Schiffen – ließ Menges die Tiere im Sudan, in Abessinien und Somaliland aufkaufen und nach Südafrika verschiffen.[11] Ostafrika war eine wichtige Bezugsquelle für Hagenbeck; am Kilimanjaro unterhielt er eine eigene Tierfangstation. Der Tierfänger Ernst Wache verschaffte ihm z. B. 1907 aus Äthiopien die wertvollen Grevyzebras und Christoph

Die Broschüren, die die Besucher bei ihrem Besuch in Stellingen informieren und orientieren sollten, richteten das Interesse mit ihren wechselnden Titelbildern – hier aus den Jahren 1912 und 1913 – immer wieder auf andere Tierarten.

Ein Elefant am Haken: Verladung und Transport von Großwild gehörte für die Firma lange Zeit zum geschäftlichen Alltag.

Schulz aus Deutsch-Ostafrika 1909 erstmals Spitzmaul-Nashörner. Im Jahre 1912 gelang es Hagenbeck ebenfalls zum ersten Mal, aus Liberia Zwergflußpferde zu importieren, von denen vorher nur gerüchteweise gehört worden war und die der Forschungsreisende Ernst Schomburgk dort entdeckt hatte. Drei wurden sofort an den Zoo in der Bronx/New York verkauft. Aus der Mongolei bezog Hagenbeck über Rußland in den Jahren 1901 und 1902 die vom Aussterben bedrohten Przewalskipferde, aus Norwegen Walrosse und aus dem Südpolargebiet See-Elefanten, die erstmals in einem Tierpark zu sehen waren.

Die Dominanz der Firma Hagenbeck auf dem Tierhandelsmarkt darf nicht darüber hinwegtäuschen, daß es stets auch Konkurrenten im In- und Ausland gab, gegenüber denen sie ihre Marktchancen behaupten mußte. Es war für Carl Hagenbeck deshalb von Vorteil, daß er die weiteren wirtschaftlichen Standbeine Tierpark und Zirkus besaß. Ein Zirkus von Hagenbeck war in Europa unterwegs, nach der Weltausstellung in St. Louis wurde 1905 aber zusammen mit amerikanischen Geschäftspartnern ein weiterer, die »Carl Hagenbeck's Trained Animal Show«, ins Leben gerufen, die durch zahlreiche Städte der USA zog. Hagenbeck hatte auf dieses Projekt allerdings nur wenig Einfluß, er lieferte die dressierten Tiergruppen, den Hauptgewinn sicherten sich die amerikanischen Geschäftspartner. Dem Londoner Veranstalter Charles B. Cochran schlugen die Hagenbecks im Jahre 1913 vor, in der dortigen Olympiahalle Freianlagen für Tiere aufzubauen und dazu ein Zirkusprogramm anzubieten, das sie selbst organisieren wollten. »Carl Hagenbeck's Wonder-Zoo and Big Circus« wurde ein sensationeller Erfolg, dessen Wiederholung im folgenden Jahr allerdings durch den Ausbruch des Ersten Weltkriegs verhindert wurde.[12]

Carl Hagenbeck verstand es in beispielloser Weise, sein Geschäft gleichzeitig als Tierhändler, Tierparkgründer, Dresseur und Zirkusbesitzer zu betreiben. Er nutzte jede damals denkbare Form, lebende Tiere gewinnbringend zu vermarkten. All seine Geschäfte betrieb er weltweit mit Hilfe von Agenten und Mitarbeitern – z. T. Familienmitgliedern – in vielen Ländern und verstand es, die modernsten Kommunikations- und Transportmittel wie Telegraph und Eisenbahn optimal einzusetzen. Er reiste selbst viel und war mit seinem Geschäft auf Weltausstellungen sowie Messen vertreten. Auf der Internationalen Ausstellung für Landwirtschaft in Buenos Aires im Jahre 1910 vertrat er z. B. die Verbände der Pferdezüchter in den holsteinischen Marschen, in Oldenburg und Ostfriesland, Rinderzuchtverbände aus ebendiesen Regionen, aus der Rheinprovinz und Ostpreußen. Er repräsentierte deutsche Merino- und Milchschafzüchter sowie die Landwirtschaftskammer für das Großherzogtum Hessen mit ausgewählten landwirt-

»Heimkehr einer Carl Hagenbeckschen Jagdkarawane aus Äthiopien«. So stellte sich die Firma bei einem historischen Umzug 1909 in Hamburg dar.

schaftlichen Nutztieren wie Pferden, Rindern, Schafen und Ziegen, für deren Transport nach Südamerika die langjährigen Erfahrungen seiner Firma genutzt wurden.[13]

Aufgrund der Bekanntheit Carl Hagenbecks und nicht zuletzt auch seines Geschäftssinnes war es nur konsequent, daß er – mit Hilfe des Schriftstellers Philipp Berges und des Verlegers Felix Heinemann – seine Erinnerungen niederschrieb und im Jahre 1908 unter dem Titel »Von Tieren und Menschen« mit einer Widmung an Kaiser Wilhelm II. veröffentlichte. Das lebendig und spannend geschriebene Buch erschien bereits im nächsten Jahr auf englisch. Ausgaben in holländisch, spanisch, italienisch und dänisch folgten kurz darauf. In Deutschland kam das Buch in den nächsten Jahrzehnten in zahlreichen erweiterten und bearbeiteten Neuausgaben heraus – zuletzt 1967 in Leipzig –, ein Beweis für die anhaltende Popularität Carl Hagenbecks. Letztere drückt sich schließlich auch in dem 1913 von Jean Gilbert – bürgerlich Max Winterfeld und ehemaliger Zirkuskapellmeister von Hagenbeck – komponierten Schlager »Geh'n wir mal nach Hagenbeck« aus.

Als Carl Hagenbeck am 14. April 1913 mit 69 Jahren starb, eilte die Nachricht um die ganze Welt, und in vielen Zeitungen folgten Würdigungen seines Lebenswerks. Der lange Trauerzug mit dem aufwendig geschmückten Leichenwagen durchquerte – wie es Hagenbecks Wunsch gewesen war – noch einmal den Tierpark, bevor er von Stellingen nach Ohlsdorf fuhr. Auf dem dortigen Grab Carl Hagenbecks liegt sein schlafender Lieblingslöwe »Triest«, von Josef Pallenberg aus Bronze nachgebildet.

Architekten und Künstler bei Hagenbeck

Schon das Entree weist darauf hin, daß Hagenbecks Tierpark mit einigem künstlerischen Anspruch gestaltet wurde: Das Hauptportal, das der aus Wien stammende Architekt Moritz Lehmann entworfen hat, gehört zu den beeindruckendsten Jugendstil-Architekturen Hamburgs. Mit seiner unverwechselbaren Ausstattung hat es geradezu wahrzeichenhaften Charakter. Lehmann lebte um die Jahrhundertwende in Berlin, wo er auch an der Gestaltung des dortigen Zoologischen Gartens beteiligt war. Er bezeichnete sich als »Maler und Architekt für Theater, Cirkus und Schaustellungen«, was ihn für seine Aufgabe in Stellingen besonders empfahl.

Sein pylonartiger Bau besteht aus zwei Teilen mit jeweils einem Kassenhäuschen und einer schmiedeeisernen Tür, über die Glasüberdachungen gespannt sind. Die Verbindung bildet ein großes Tor mit schmiedeeisernen Flügeln. Lehmann hat das Portal zu einer Bühne gestaltet, auf der verschiedene Skulpturen den Besucher auf jene Exotik einstimmen, die ihn im Park erwartet: Oberhalb des Tores befindet sich auf jeder Seite ein Elefantenkopf, der im hochgereckten Rüssel eine Lampe trägt. Bekrönt werden sie auf der einen Seite von zwei Löwen, auf der anderen von einem Eisbären. Die Modelle für diese Tierplastiken stammen von dem Tierbildhauer Josef Franz Pallenberg, der auch die Schlangen schuf, die sich um die Haltebügel der Glasdächer winden. In ihren aufgerissenen Mäulern leuchteten ursprünglich kleine Glühlämpchen – was gewiß eine schaurige Wirkung hervorrief. Der gebürtige Kölner hatte an der Düsseldorfer Kunstakademie studiert. Als er den Auftrag für die Plastiken erhielt, war er gerade 25 Jahre alt. Arbeiten von Pallenberg sind auch in den Zoos von Köln und Berlin zu finden.

Vervollständigt wird das Bildprogramm durch zwei Plastiken, die der Reinhold-Begas-Schüler Rudolf Franke geschaffen hat: Ein Nubier (links) und ein Indianer (rechts) bilden den Abschluß der pavillonartigen Dächer über den beiden Kassenhäuschen. Sie symbolisieren die Völkerschauen, die ursprünglich zum Angebot des Stellinger Tierparks gehörten. Franke stammte aus Nautschütz in Thüringen und ist an der Berliner Akademie ausgebildet worden, wo er später dem Meisteratelier von Reinhold Begas angehörte. Er schuf zahlreiche Porträtbüsten sowie Zeichnungen mit exotischen Motiven, die er in den deutschen Kolonien fand.

Beide Bildhauer, die an der Ausgestaltung des Hauptportals beteiligt waren, modellierten auch weitere Kunstwerke für den Stellinger Tierpark: Von Rudolf Franke stammt das im Jahre 1907 aufgestellte Denkmal für den Firmengründer Gottfried Claes Carl Hagenbeck. Die Bronzebüste, die sich über einem Unterbau aus Kalkstein erhebt, steht nicht weit vom Haupteingang entfernt an dem Weg, der parallel zur Hauptachse verläuft. Pallenberg schuf – angeblich nach einem Natur-Gipsabdruck – die Skulptur zweier Schlangen, die sich im Kampf ineinander verschlungen haben. Das Kunstwerk liegt auf einem Felsblock am künstlichen Hochgebirge direkt neben dem Gedenkstein für Urs Eggenschwyler, auf den später noch einzugehen ist.

In ihrer Entstehungszeit geradezu spektakulär waren die urzeitlichen Plastiken, mit denen Pallenberg – nach intensivem Studium in naturwissenschaftlichen Museen – verschiedene Saurier in ihrer natürlichen Größe dargestellt hat. Sie waren Teil einer in Europa damals einzigartigen Urweltlandschaft, die sich östlich des

In Wahrheit längst ausgestorben, in Stellingen noch zu besichtigen: eine der Saurier-Plastiken von Josef Pallenberg.

Teiches erstreckte. Josef Pallenberg entwarf auch das Grabmal der Familie Hagenbeck auf dem Ohlsdorfer Friedhof (AE15). Auf einem Findling ruht dort Carl Hagenbecks Lieblingstier, der Löwe »Triest«.
Unweit vom Tierparkeingang erinnert seit dem Jahre 1926 ein Denkmal an Carl Hagenbeck. Diese Bronzeskulptur, die auf einem Muschelkalksockel steht, ist ein Werk des Berliner Bildhauers Rudolf Marcuse. Hagenbeck ist aufrecht stehend, mit leicht geneigtem Kopf dargestellt, gemeinsam mit dem Löwen »Triest«, der damit sein zweites Denkmal in Hamburg erhielt. Rudolf Marcuse, der an der Berliner Akademie studiert hatte, veröffentlichte unter anderen eine Mappe mit dem Titel »Völkertypen aus dem Weltkrieg«. Im Jahre 1909 schuf er in Berlin ein Denkmal für den jüdischen Aufklärer und Philosophen Moses Mendelssohn. Die Büste stand im Vorgarten der »Knabenschule der jüdischen Gemeinde« auf der Großen Hamburger Straße Nummer 27. 1938 wurde sie von den Nationalsozialisten entfernt und zerstört. Auch Heinrich Hagenbeck, Carls ältester Sohn, erhielt in der Nähe des Haupteingangs ein Denkmal. Es ist das Werk des sonst kaum in Erscheinung getretenen Bildhauers A. W. Goebel. In einen großen Findling hat Goebel eine Bronzeplatte mit einem Porträtrelief eingefügt.
Das alte Hauptrestaurant des Tierparks, an das heute nur noch historische Fotos erinnern, wurde im Jahre 1907 nach einem Entwurf von Richard Jacobssen erbaut. Der Architekt baute in Hamburg u. a. 1906/07 das Kontorhaus Bülowhaus an der Schauenburger Straße 34 in einer Mischung aus Historismus und Jugendstil und war auch an der Fassadengestaltung des Hildebrand-Hauses am Neuen Wall 18 beteiligt. Zu den ältesten erhaltenen Bauten des Tierparks gehört auch das historische Vogelhaus mit Volieren, das der Hamburger Architekt Johannes Wald auch im Jahre 1907 baute. Das eingeschossige Gebäude stellt, wie die Denkmalpflegerin Helga Schmal urteilt, »ein für Zoobauten der Jahrhundertwende typisches Gebäude dar«[1]. Wald hatte um die Jahrhundertwende ebenfalls mehrere Kontorhäuser gebaut. Mit der Firma Hagenbeck war er aber schon länger verbunden, da er bereits auf dem Gelände am Neuen Pferdemarkt Tierhäuser entworfen und ausgeführt hatte.
Die interessantesten Kunstwerke innerhalb des Stellinger Tierparks sind jedoch zweifellos die Panoramen. Entstanden sind sie in enger Zusammenarbeit zwischen Carl Hagenbeck und dem Schweizer Urs Eggenschwyler. Der Bildhauer, der aus dem Kanton Solothurn stammte, hatte sich im späten 19. Jahrhundert einen Namen mit naturalistischen Tierplastiken gemacht. Nach dem Studium an der Münchner Akademie war er freischaffend tätig. Seit den 80er Jahren führte er ein eigenes Atelier in Zürich, wo er zeitweise sogar eine kleine Menagerie besaß. Eine seiner Spezialitäten war die Herstellung künst-

Der Berliner Bildhauer Rudolf Marcuse stellte Carl Hagenbeck mit seinem Lieblingslöwen »Triest« dar.

Pallenbergs Mitarbeiter bei der Gestaltung einer der lebensgroßen Saurier-Skulpturen.

licher Felsen – was er bei Hagenbeck unter Beweis stellen konnte. Eggenschwyler war aber nicht nur in Hamburg, sondern u. a. auch in den Tiergärten von St. Gallen und Wien tätig. Am Hauptpanorama, das den Vogelteich, die afrikanische Steppe, die Löwenschlucht und das Hochgebirge umfaßt, arbeitete der Schweizer Künstler von 1904 bis 1906. Zu gleicher Zeit entstand auch die nordische Landschaft. Das daran anschließende Südland-Panorama wurde in den Jahren 1911/12 ergänzt. Es geht auf einen Entwurf von Carl Hagenbecks Neffen Heinrich Umlauff zurück, der sich an Fotos von Hagenbecks letzter Expedition nach Südgeorgien orientiert hatte.

Herausragende Künstler und Architekten waren an der Ausgestaltung von Hagenbecks Tierpark nicht beteiligt. Die meisten von ihnen hatten ihre Aufträge vermutlich erhalten, weil sie in der Darstellung von Tieren bzw. der architektonischen Gestaltung von Tierparkanlagen geübt waren. Ihre Aufgabenstellung verlangte auch keine besonderen künstlerischen Einzelleistungen, sie sollten vielmehr zu Hagenbecks Gesamtkonzept beitragen – was ihnen auf überzeugende Weise gelungen ist. Am 10. Februar 1997 wurde Hagenbecks Tierpark unter der Nummer 1111 in die Denkmalliste der Freien und Hansestadt Hamburg eingetragen.

In Stellingen ließ sich die Not manchmal für Stunden vergessen

Selbstbehauptung in schwerer Zeit: die Hagenbecks in Kriegs- und Krisenjahren 1914–1945

Im Jahre 1936 begannen beträchtliche Erweiterungsarbeiten im Tierpark

Schlachten-Potpourri an der Heimatfront: Während des Ersten Weltkriegs fanden im Tierpark Militärkonzerte für das Rote Kreuz und für die Hinterbliebenen gefallener Soldaten statt.

DIE SÖHNE CARL HAGENBECKS, Heinrich und Lorenz, waren von ihrem Vater bereits 1894 bzw. 1901 in die Geschäftsführung des Unternehmens aufgenommen worden und hatten auf zahlreichen Reisen selbständig Erfahrungen sammeln und vielfältige Verbindungen knüpfen können. Der Erfolg des Unternehmens Hagenbeck basierte u.a. auf der engen Zusammenarbeit der zahlreichen Familienmitglieder, die sich gemeinsam engagierten. Dennoch: Heinrich und Lorenz übernahmen Tierhandel, Tierpark und Zirkus in schwierigen Zeiten. Die Konkurrenz im Tierhandel wurde schärfer, das Tierparkprojekt in Berlin war gescheitert und ebenso die Pläne mit dem Hamburger Senat gegen den Zoologischen Garten am Dammtor-Bahnhof. Es galt, den guten Ruf des Unternehmens im Sinne des Vaters zu erhalten. Auch die Einnahmen des Unternehmens schwankten, immer noch mußten Kredite abbezahlt werden. Aus diesem Grund verpachteten die Hagenbecks das Gelände gegenüber dem Haupteingang des Tierparks an das Schaustellerunternehmen Hugo Haase aus Hannover, das dort im Jahre 1914 einen Vergnügungspark einrichtete. Von einer Gebirgsbahn in einer künstlichen Alpenlandschaft hatten die Besucher einen Ausblick auf die anderen Attraktionen wie Wellenbahn, Wasserrutschbahn und auf das »Zillertal«.

Nach dem Beginn des Ersten Weltkrieges im August 1914 fanden im Tierpark im Rahmen der allgemeinen nationalen Begeisterung noch vielbesuchte Militärkonzerte statt. Im Frühjahr 1915 erregte es allgemeine Aufmerksamkeit, daß ein Elefant von Hagenbeck »als stärkster Feldgrauer der deutschen Armee«[1] an der Front in Frankreich beim Stellungsbau half. Bald hatte der Krieg aber negative Auswirkungen auf die Firma Hagenbeck: Der internationale Tierhandel als wichtiger Geschäftszweig kam durch die britische Seeblockade zum Erliegen. Importe exotischer Tiere waren nicht mehr möglich. Mitarbeiter wurden als Soldaten eingezogen, andere mußten wegen der geringer werdenden Einnahmen entlassen werden. Nur der reisende Zirkus, der in den Kriegsjahren in Skandinavien, Polen und Holland auf Tournee war, verdiente etwas Geld. Bedrohlich wurde für den Tierpark besonders die seit Ende 1914 zunehmende Versorgungskrise mit Nahrungsmitteln in Deutschland, die in erster Linie die Bevölkerung, aber eben auch die Tiere betraf. Der Hamburger Stadtverwaltung verkaufte Heinrich Hagenbeck im September 1916 Kamele für landwirtschaftliche Arbeiten auf der Insel Hahnöversand, die sich gut bewährten und so gleichzeitig vor dem Verhungern bewahrt wurden. Im Rahmen der gegenseitigen Kriegspropaganda meldete die englische Presse im Frühjahr 1916, daß es in Stellingen keine Tiere mehr zu sehen gebe. Die Hamburger Zeitungen berichteten daraufhin sofort, daß im Tierpark u. a. noch 31 Löwen, 14 Tiger, 9 Leoparden, 28 Bären, 3 Nashörner, 4 Elefanten, 6 Robben,

2 See-Elefanten, 2 Giraffen sowie 39 Antilopen von 14 Arten und 67 Hirsche zu besichtigen seien.[2]

Dennoch mußten mehr und mehr Tiere Hunger leiden, z. B. verendeten die See-Elefanten und Robben, weil es keine Seefische mehr zum Verfüttern gab. Auch nach Kriegsende im Jahre 1918 hielt die schlechte Versorgungslage an; die Großkatzen im Tierpark starben an verdorbenem Fleisch. Den Hagenbecks blieb nichts anderes übrig, als die meisten der übriggebliebenen Tiere zu verkaufen; einen Großteil erwarb der Zirkusbesitzer John Ringling in den USA. Am 3. Oktober 1920 mußte der Tierpark in Stellingen seine Pforten schließen. Die Gemeinde Stellingen gab – wie so viele andere Kommunen in dieser Zeit – Notgeld heraus, auf dessen vier Scheinen Hagenbecks Tierpark abgebildet war, schließlich blieb er ja trotz allem die Sehenswürdigkeit, durch die das Dorf berühmt geworden war.

Um die Firma in der Zeit der Inflation zu Beginn der 1920er Jahre weiter betreiben zu können, mußten die Hagenbecks Devisen im Ausland erwirtschaften. Sie gründeten deshalb die Firmen »Carl Hagenbeck Dierenhandel en Circus N. V.« in Den Haag sowie »Hagenbeck Broth. Comp.« in New York und intensivierten ihre jahrzehntealten Geschäftsverbindungen in der Tierhandelsbranche in aller Welt. Der Tierpark in Stellingen diente weiterhin als Zwischenhandelsplatz und als Ort zur Akklimatisation importierter Tiere. Als der Tierfänger Jürgen Johannsen im Frühjahr 1922 aus Indien mit dreizehn jungen Elefanten sowie Tigern, Leoparden, Krokodilen und 300 Rhesusaffen in Hamburg eintraf, hatte Lorenz Hagenbeck die Idee, den Tierpark wenigstens für

In den 20er Jahren unterhielten die Hagenbecks eine eigene Tierfangstation in Ostafrika.

Obwohl Deutschland nach dem verlorenen Ersten Weltkrieg weitgehend isoliert war, pflegte die Firma Hagenbeck weiter internationale Kontakte. Dieses nach 1918 entstandene Foto dokumentiert den Besuch amerikanischer Zoodirektoren in Stellingen.

Noch im Jahr 1919 warb ein Tierparkplakat mit dem Hinweis »Täglich geöffnet«. Unten: Nur ein Jahr später mußte die Firma die durch die Kriegsfolgen bedingte Schließung in einem Faltblatt vor der Bevölkerung rechtfertigen.

einen Tag zu öffnen, um ihn den Hamburgern in Erinnerung zu rufen. Nach einer aufwendigen Werbekampagne, bei der sogar Flugblätter von einem Flugzeug über der Stadt abgeworfen wurden, kamen am Pfingstsonntag 22.000 Besucher nach Stellingen; der Tierpark mußte daraufhin noch einen weiteren Tag geöffnet werden, bevor die bereits verkauften Tiere in die USA weiterverschifft wurden.[3] Der Zirkus überlebte die Jahre der Wirtschaftskrise seit Februar 1919 in einem festen Bau in Essen und mit Vorführungen in Holland während der Sommermonate. In den Jahren 1927/28 machte er schließlich eine erfolgreiche Tournee durch Brasilien und Argentinien.

Der Tierhandel blieb weiterhin ein wichtiges Standbein der Firma Hagenbeck, allerdings war sie in dieser Branche nicht mehr das führende Unternehmen Deutschlands; diese Rolle hatte die Firma Ruhe aus Alfeld übernommen. Dennoch reisten Hagenbecks Tierfänger in ferne Weltgegenden – vor allem nach Ostafrika, Indien, Ceylon und Sibirien –, um von jeder Expedition mit seltenen und exotischen Tieren zurückzukehren: Im Jahre 1930 z. B. brachte die neunte Expedition von Fritz Eßler aus der Antarktis vier See-Elefanten, 75 Pinguine und eine Robbe mit, die die 40tägige Schiffsreise in Schwimmbassins an Deck überstanden hatten. Nach jahrelangen Verhandlungen gelang es ebenfalls 1930, ein junges Panzernashorn in Nepal zu erwerben, von dessen Art es schon damals nur noch etwa 300 gab. »Nepali« war das einzige Panzernashorn auf dem europäischen Kontinent, ein weiteres lebte in London.

Heinrich und Lorenz Hagenbeck schrieben 1930 über ihren Tierhandel: »Als Kunden kommen in der Hauptsache Zoologische Gärten und Besitzer von Privatparks in Betracht, ferner Zirkusunternehmer, reisende Menagerien und kleinere Händler. Ein jeder hat seinen besonderen Bedarf und seine besondere Vorliebe für gewisse Tiere. Es wird auch fremdländisches Wild verlangt, wie beispielsweise dänische Rehe zur Blutauffrischung in deutschen Revieren, zum selben Zweck auch schottische Rothirsche und andere starke Hirscharten. Dann wiederum wünscht ein Jäger einen Uhu für die Hütten-Jagd, ein Gutsbesitzer Ziervögel und Wassergeflügel für die Teiche herrschaftlicher Gärten. So hat jeder Interessent seinen besonderen Wunsch, dessen Erfüllung fast immer gelingt.

Nach dem Kriege hat sich das Interesse an der Tierwelt besonders beim deutschen Publikum in ungeahnter Weise vermehrt und verstärkt. Außerordentlich viele Privatleute, die außerhalb der Stadt wohnen, legen sich irgendein Tierchen zur Belustigung oder auch als Spielgefährten für ihre Kinder zu. Daneben gibt es auch Geschäftsleute, die sich ein Tier anschaffen. Jeder weiß, welche große Rolle die Tierwelt auf dem Gebiete der Reklame spielt. Fast jede große Fabrik hat ihr Wahrzeichen, sehr viele dieser Wahrzeichen sind Tiere. Was liegt näher, als ein solches Tier lebend zu halten? Zum Beispiel führt die Likörfabrik Carl Mampe einen Elefanten als Handelsmarke, und um dies dem Publikum in lebendiger Weise vor Augen zu führen, erwarb sie aus unseren Beständen zwei schöne Exemplare der afrikanischen Art und stiftete sie dem Berliner Zoologischen Garten.«[4]

Mit der Stabilisierung der Wirtschaft durch die Einführung der Rentenmark konnte der Tierpark in Stellingen am 24. Mai 1924 wieder eröffnet werden. Seit seiner Gründung und besonders in den Jahren der Schließung, als er nicht gepflegt wurde, hatte sich sein Erscheinungsbild gewandelt: Die Bäume waren gewachsen, die Vegetation war insgesamt üppiger geworden, er wurde allmählich zu einem Park, in dem neben Tieren die Pflanzen eine immer größere Rolle spielten.

Bei der Neueröffnung bemängelten einige Besucher jedoch, daß es nicht mehr so viele Tiere zu sehen gebe wie zu Carl Hagenbecks Zeiten. Heinrich und Lorenz Hagenbeck mußten also versuchen, die Attraktivität des Tierparks wieder zu erhöhen. Nach den Entwürfen von Heinrich Hagenbeck wurde im Jahre 1924 im Ostteil des Parks ein großer Affenfelsen gebaut und mit 800 Rhesusaffen besetzt. Es folgten 1927 neue Freianlagen für Antilopen, Stelzvögel, Flußpferde, Pinguine sowie See-Elefanten und Walrosse. Im folgenden Jahr ließ der Architekt

Plakat für das legendäre Programm »Menschen, Tiere, Sensationen«, mit dem Hagenbeck ab 1937 in Berlin gastierte.

Im Jahre 1925 brachte der Tierfänger Eßler See-Elefanten und Pinguine nach Hamburg.

Fritz Kieb ein Zebrahaus erbauen. Um sich weiter als moderner Tierpark mit Freigehegen zu präsentieren, wurden 1930 insgesamt 1.000 Meter Gitter entfernt. Seit diesem Jahr konnte auch ein Kodiakbär, den Hagenbeck 1929 erstmals nach Europa importiert und vorübergehend nach Berlin verliehen hatte, in einer gitterlosen Anlage gezeigt werden.[5] Die riesigen See-Elefanten waren eine besondere Attraktion für das Publikum, wenn es unter den Besuchern auch einzelne gedankenlose Menschen gab: Der See-Elefant »Goliath« starb im November 1930 qualvoll an einem abgebrochenen Flaschenhals, der in seinem Magen gefunden wurde. Für Hagenbeck war dies ein finanzieller Verlust von 50.000 Mark. Ein geringeres Problem war das Walroß »Nickelmann«, das sich im Sommer einen Spaß daraus machte, die Besucher mit Wasser zu bespucken. In der öffentlichen Diskussion war die Meinung einhellig: Das müsse toleriert werden, und das Tier dürfe deswegen nicht verkauft werden.

Zum Andenken an ihren Vater ließen Heinrich und Lorenz Hagenbeck im Jahre 1926 von Rudolf Marcuse gleich hinter dem Hauptportal ein Denkmal errichten, das Carl Hagenbeck mit seinem Lieblingslöwen »Triest« zeigt.

Auch die Tradition der Völkerschauen wurde seit 1924 wiederaufgenommen, die letzte – Beduinen und Sudanesen – war in Stellingen

Drinnen und draußen: Zoobesucher aus der Perspektive der Löwen.

1917 zu sehen gewesen. Mit unterschiedlichem Erfolg waren nun Beduinen (1924), von John Hagenbeck geworbene Singhalesen aus Ceylon (1926), Lappen (1926/27), 100 Somali – wiederum unter Führung Hersi Egeh Gorsehs (1927) – Tscherkessen aus dem Kaukasus (1928), Malabaren (1930) und zuletzt 1931 sogenannte Kanaken aus Neukaledonien zu sehen. Die Zeit für Völkerschauen war um 1930 vorbei, vor allem das neue Medium Film konnte nun den Menschen exotische Welten in weitaus dramatischerer Form bieten.

In der zweiten Hälfte der 1920er Jahre, als die wirtschaftlichen Verhältnisse sich stabilisiert hatten und sich sogar positiv entwickelten, versuchten sich die Hagenbecks in einem neuen Medium: einer eigenen Zeitschrift. Von 1926 bis 1929 gab der Zoologe des Tierparks, Ludwig Zukowsky, »Carl Hagenbeck's illustrierte Tier- und Menschenwelt« heraus, eine Monatszeitschrift u. a. mit Abenteuerberichten von Tierfangexpeditionen in exotischen Ländern, völkerkundlichen Serien, Beschreibungen einzelner Tierarten und Neuigkeiten aus dem Tierpark.

Die Tierparkkonzeption in Stellingen galt weltweit weiterhin für viele Zooplaner als richtungweisend. Die Hagenbecks wurden deshalb wiederholt um Beratung bei der Planung neuer Zoos oder der Umgestaltung bereits bestehender gebeten. So reiste Heinrich Hagenbeck 1928 und 1929 mehrmals in die USA, beriet sich dort mit seinem Handelsagenten John T. Benson auf dessen Tierfarm bei Nashua/New Hampshire und traf sich mit den Bürgermeistern und Zoogesellschaften in San Antonio/Texas und Seattle wegen der Neukonzeption der dortigen Tiergärten. Hauptziel der Reise war jedoch die Umgestaltung des Zoos in Detroit, die von dem Automobilindustriellen Walter Chrysler, der Hagenbeck auch eingeladen hatte, finanziert wurde.[6] Nach Detroit hatte Hagenbeck bereits gute Kontakte, da der ehemalige Leiter der Straußenfarm in Stellingen, John Millen, dort seit 1927 Zoodirektor war. Aufregung gab es in Hamburg, als von der USA-Reise Pressemeldungen nach Hamburg gelangten, daß die Hagenbecks eine Verlegung ihres Tierparks und Tierhandels in die USA nicht ausschließen könnten. In der Randlage zwischen Hamburg und dem preußischen Stellingen hätten sich zu viele Probleme mit der Besteuerung der Firma ergeben. Dies mögen vielleicht rein taktische Bemerkungen gewesen sein, die die Beschleunigung der Hagenbeckschen Projekte in Hamburg und Berlin bewirken sollten. Immerhin wurden diese Gerüchte im Jahre 1929 in der Hamburger Bürgerschaft diskutiert und die Rolle des Tierparks in Stellingen für die Bildung und Erholung der Hamburger hervorgehoben. Zu dem gewünschten U-Bahn-Anschluß von der Station Hellkamp nach Stellingen kam es jedoch nicht.[7]

In Berlin gab es Ende der 1920er Jahre eine heftige öffentliche Diskussion um die Errichtung eines zweiten Zoos. Sie entzündete sich an der Frage, ob der alte Berliner Zoo mit seinen zahlreichen Käfigen nicht zu antiquiert und klein sei und die Stadt nicht einen großen, modernen Tiergarten mit Freigehegen benötige. Immer wieder wurde in diesem Zusammenhang das Tierparkkonzept Carl Hagenbecks als positives Beispiel angeführt, aber auch abgelehnt. Zu dem Problem meldete sich wiederholt ein alter Gegner der Hagenbeckschen Ideen, der Berliner Zoodirektor Professor Ludwig Heck, zu Wort, obwohl zwischen den Hagenbecks und Heck im Jahre 1922 vereinbart worden war, jede öffentliche Polemik über das Thema »Zoo oder Tierpark« zu unterlassen. Bereits 1909 hatte sich Heck mit Carl Hagenbeck in Zeitungsartikeln über die Seriosität des Tierparks in Stellingen gestritten[8], 1929 begann die Diskussion über dieses Thema erneut.

Heck behauptete: »Zwischen Zoo und Tierpark ist derselbe Unterschied wie zwischen Museum und Panoptikum.«[9] Zur Kritik am Stellinger Zoo schrieb er: »Ferner ist es ein völlig unbegründetes Vorurteil vieler Unkundiger, hervorgerufen durch jahrelange Reklame des alten Carl Hagenbeck, daß die Anlage großer Freitierbehälter ein

Ein Erinnerungsfoto am Güterbahnhof um 1925. Die Eisenbahn war für den Tiertransport von entscheidender Bedeutung.

grundsätzlicher Fortschritt in der Tierhaltung sei und eine wesentliche Verbesserung für das Tier selber. Das ist in Wirklichkeit nicht so. Für den Löwen macht es keinen Unterschied, ob er an einem Graben hin- und widerläuft, den man nicht sieht, oder an einem Gitter, das man sieht. Aber auf den Besucher übt es eine ungleich stärkere Wirkung, wenn er das ›gefährliche Raubtier‹ ganz frei vor sich sieht [...] Alles in allem muß für den wirklichen Eingeweihten, der die Sache beherrscht, das Endergebnis dieser Betrachtung sein, daß man seinen belehrenden Tiersammlungen wohl hier und da zur Befriedigung sensationeller Schaulust solche größere Freianlagen hinzufügen, sozusagen als Glanzlichter aufsetzen kann, daß dadurch aber niemals der Zoo in der gewohnten und aus Gründen der Wissenschaft und Volksbildung wohlberechtigten Form überflüssig wird.«[10] Wie bereits in der Debatte um die Zukunft des Hamburger Zoos am Dammtor zu Beginn des Jahrhunderts wird auch in diesen Äußerungen der anhaltende Gegensatz zwischen den Anhängern des Zoos als Stätte der Bildung und Wissenschaft – in der Tradition des 19. Jahrhunderts – und dem Konzept von Hagenbeck, das den Freizeitcharakter eines Tierparks betonte, deutlich. Heck hatte die Bedürfnisse des Publikums nach Unterhaltung wohl erkannt, wollte sie aber nicht ohne weiteres akzeptieren; heute sind sie unverzichtbarer Bestandteil jeder Tierparkkonzeption.

Heinrich und Lorenz Hagenbeck nahmen in einer Presseerklärung zu den Angriffen Stellung: »Da fragen wir ›privaten Schausteller‹ uns: Ist denn der Leiter dieses einzig dastehenden gemeinnützigen Institutes nicht auch verpflichtet, ein Tierfreund zu sein? Empfindet er kein

Was draufsteht, ist auch drin: Elefantenverladung im Hamburger Hafen. Mit einem gewaltigen Kran wurde die Kiste von Bord gehievt.

Mitleid mit den Tieren, wenn er die engen, vergitterten Käfiglöcher seines neuen, für etwa 800.000 Mark erbauten ›hochkünstlerischen‹ Palmen-Affenhauses sieht; setzt er die Systematik so viel höher ein als die moralische Verpflichtung des Menschen, der freie Tiere gefangen hält, daß er seine verschiedenen Zebraarten (also Tiere der endlos weiten Steppe) durch hohe Gitter auf engstem Raume voneinander absperrt, nur deshalb, damit jedes Tier ganz gewiß unter seinem wissenschaftlichen Namensschild steht?« Sie erkannten damals klar: »Unsere gehetzte Großstadtbevölkerung will Natur, Natur und noch einmal Natur.« Und sie waren selbstkritisch genug, festzustellen: »Auch unser Stellinger Park ist ja noch lange nicht so, wie wir ihn haben wollen. Wir wissen genau, was gemacht werden muß, damit die engen Käfige, die durch unsere Tierhandelsabteilung auch in Stellingen da und dort noch zu sehen sind, verschwinden.«[11]

Die Diskussion um die Gründung eines neuen Tierparks in Berlin, die von einem dortigen Verein vorangebracht wurde, erhielt Ende Oktober 1929 eine überraschende Wende, als in den Zeitungen gemeldet wurde, die Brüder Hagenbeck planten, zusammen mit einem Finanzkonsortium, in Spandau, an der Kreuzung Heerstraße und Wilhelmstraße, für zwölf Millionen Mark einen »Hagenbecks Tierpark Berlin«. Er sollte etwa 500.000 Quadratmeter umfassen und nach dem Vorbild des neu eröffneten Tierparks in Detroit gestaltet werden. Vor allem sollten die Elefanten und Wildkatzen Freigehege erhalten – die es in Stellingen z.T. noch nicht gab –, es waren ein Theater für Tiervorführungen und eine Lehrabteilung für Schulen vorgesehen, und sogar der Tierhandel sollte aus Stellingen hierher verlegt werden.[12] Die Hagenbecks selbst äußerten sich zu diesen Pressemeldungen nur zurückhaltend und hielten sie für verfrüht. Vielleicht als Reaktion auf diese Nachrichten heißt es in einer hamburgischen Tageszeitung am 7. Dezember 1929: »In einer Pressebesprechung äußerte sich gestern der Leiter des Berliner Zoologischen Gartens, Professor Heck, über die Zukunft des Berliner Zoos. Ähnlich wie es im Hagenbeckschen Tierpark bereits der Fall ist, soll auch im Berliner Zoo mit der Errichtung gitterloser Freiflächen für bestimmte Tierarten begonnen werden.«[13] Die entsprechenden Arbeiten wurden im Februar 1930 begonnen, wobei immer wieder das Vorbild Stellingen erwähnt wurde. Im gleichen Monat dementierten die Brüder Hagenbeck Meldungen, daß sie weiter mit Berliner Banken über die Finanzierung eines eigenen dortigen Tierparks verhandeln würden. Einerseits wird die Weltwirtschaftskrise diese Pläne zunichte gemacht haben, andererseits wurde in Hamburg – unter Beteiligung der Hagenbecks – gerade über das Ende des Zoos am Dammtor verhandelt. Überdies bestanden für Stellingen Ausbaupläne.[14]

Bei Transporten und Bauarbeiten leisteten Elefanten oft gute Dienste.

Dennoch waren die Hagenbecks im Februar 1930 in Berlin präsent: Auf der Grünen Woche zeigten sie im Rahmen einer Jagdausstellung die Sonderschau »Tierfang« u.a. mit Dromedaren, Affen, Pinguinen und Flamingos sowie Tiger- und Affenfallen.[15] An der Gründung von zwei weiteren Zoos – in Prag und Paris – waren die Hagenbecks in unterschiedlicher Form intensiv beteiligt. In Prag wurde seit 1922 ein Zoo geplant, aber erst zu Beginn der 1930er Jahre standen ein Gelände und genügend Geld für das Projekt zur Verfügung. Mit den Brüdern Hagenbeck wurde im Jahre 1931 ein Vertrag geschlossen, der den Entwurf von Bauplänen und die Lieferung von Tieren im Wert von einer Million Kronen vorsah.[16]

Als Heinrich Hagenbeck 1930 von der Leitung des Zoologischen Gartens in Paris gebeten wurde, eine umfangreiche Neukonzeption nach dem Vorbild Stellingens zu erarbeiten, gab es im Vorfeld Pressediskussionen um den politischen Hintergrund dieser Bitte. Der Jardin des Plantes war einer der ältesten Zoos Europas; er stammte in seinen Anfängen aus dem 17. Jahrhundert und zeigte sich um 1930 im völlig

veralteten Zustand des frühen 19. Jahrhunderts. In Paris soll es nun die Idee gegeben haben, den dortigen Zoo im Rahmen der Reparationszahlungen Deutschlands durch den Young-Plan von Hagenbeck neu planen und mit Tieren beliefern zu lassen.[17]

Hagenbecks Beteiligung an der Kolonial-Ausstellung in Paris-Vincennes von Mai bis November des Jahres 1931 hatte dagegen zur Folge, daß in Paris ein weiterer Zoo eingerichtet wurde. Der Parc Zoologique, der im Rahmen dieser Ausstellung gezeigt wurde, war von Heinrich Hagenbeck entworfen worden, wurde von seinen Mitarbeitern Johannes Pallenberg und Fritz Kieb aufgebaut und von seinen Tierpflegern und Wärtern betreut. Neben vier Elefanten, vier Giraffen und 14 Löwen wurden Zebras, Antilopen, Strauße, Wasserbüffel, Vögel und Affen z. T. in Freigehegen gezeigt. Der Zoo fand so viel Anklang, daß er nach dem Abbau der eigentlichen Ausstellung noch drei Jahre beibehalten und danach an anderer Stelle in Vincennes ein neuer Zoo nach diesem Vorbild fest eingerichtet wurde.[18] An weiteren Zooplanungen waren die Hagenbecks u. a. in Essen, Belgrad und Rio de Janeiro beteiligt.

Auch in den 30er Jahren feierte der Zirkus weltweit Tournee-Erfolge.

Das auswärtige Engagement der Firma Hagenbeck darf nicht darüber hinwegtäuschen, daß das Unternehmen in den Jahren um 1930 von der allgemein herrschenden Wirtschaftskrise betroffen war. Aufgrund der hohen Arbeitslosigkeit kamen immer weniger Besucher in den Tierpark. Auch die Hagenbecks mußten Mitarbeiter entlassen. Sie senkten die Eintrittspreise, um Besucher anzulocken, und wandten sich gleichzeitig an die Städte Hamburg und Altona mit der Bitte um finanzielle Unterstützung. Hier widersprechen sich allerdings die Nachrichten, ob dies wegen einer tatsächlich akuten Existenzgefährdung oder wegen einer geplanten Modernisierung und Erweiterung des Tierparks geschah. Der Unterstützung des Zoos diente auch die im Jahre 1932 gegründete »Gesellschaft der Freunde des Hagenbeckschen Tierparks«, die sich um eine bessere Verkehrsanbindung, die Einführung eines obligatorischen Besuchs für alle Schüler, Vorträge, Spenden und staatliche Unterstützung bemühen sollte.[19] Der Zirkus Hagenbeck reiste in den Jahren 1933/34 als erster deutscher Großzirkus mit ungeheurem Erfolg – auch in finanzieller Hinsicht – nach Japan, China, Indien und Ägypten. Auf der Rückreise erlitt er 1934 in Spanien allerdings Einbußen, da er das Land aufgrund der politischen Unruhen überstürzt verlassen mußte. Ein finanzieller Mißerfolg war für den Zirkus 1936 auch die Reise durch Uruguay und Argentinien.

Auch als Folge des nicht mehr genutzten Geländes für die Völkerschauen wurde der Tierpark in Stellingen seit 1936 aus- und umgebaut. Die die beiden Parkteile trennende Kaiser-Friedrich-Straße wurde aufgehoben und an ihrer Stelle eine Bären-Freianlage (1938) sowie eine Australien-Abteilung mit Känguruhs und Emus angelegt. Im Ostteil entstand eine große Asien-Abteilung, deren Zentrum die Elefanten- und Nashorn-Freianlage war. Südlich davon lagen Einrichtungen, die vor allem Kinder ansprechen sollten: das Bauernhaus »Luisenhof« mit einem Shetlandpony-Gestüt, die Affenstadt (1938), die Meerschweinchen- und Kaninchenstadt sowie ein großer Spielplatz mit Tribüne. Der langjährige Plan, den Tierpark in geographische Zonen mit den typischen Landschaftsformen der Erde und ihren Tieren zu gliedern, war endlich vollendet. Neben den noch von Carl Hagenbeck entworfenen Regionen Afrika – mit dem großen Panorama – und Arktis gab es nun im Ostteil des Parks Europa, Asien, Australien und Amerika zu sehen.

Durch seine neuen Anlagen erfreute sich der Tierpark in den 1930er Jahren weiterhin großer Beliebtheit. Attraktive Kinderfeste lockten Tausende von kleinen Besuchern nach Stellingen, an den abendlichen Feuerwerken mit der »brennenden Polarlandschaft« und den Konzerten der Musikkapellen im Spätsommer nahmen bis zu 80.000 Menschen teil.[20]

Ein spektakuläres Freigehege: Zur Eröffnung im Jahre 1925 bevölkerten etwa 800 Tiere den neuen Affenfelsen.

Der 25. Juli 1943 war der schwärzeste Tag in der Geschichte des Stellinger Tierparks: Im Hagel der alliierten Bombenangriffe kamen neben neun Menschen auch 120 Großtiere ums Leben, andere mußten wegen Ausbruchsgefahr erschossen werden. Der Tierpark wurde zum großen Teil verwüstet.

Unter der Herrschaft der Nationalsozialisten diente das Tierparkgelände in Stellingen – wie ähnlich exponierte Plätze in Hamburg – auch den Aufmärschen und Kundgebungen nationalsozialistischer Organisationen. Mit dem Beginn des Zweiten Weltkrieges im Jahre 1939 verschlechterte sich die wirtschaftliche Lage der Firma Hagenbeck, die Besucherzahl und die Einnahmen aus dem Zirkus, der kriegsbedingt nicht mehr frei umherreisen konnte, aber für den Unterhalt des Tierparks wichtig war, gingen zurück. Auch der Tierhandel war nun mit vielen Ländern nicht mehr möglich. Allerdings gelang noch im November 1940 mit dem Moskauer Zoo ein Tausch von Nilpferden, einem Nashorn und Großkatzen gegen sibirische Steinböcke, Hirsche und Tiger. Die wirtschaftlichen Probleme zwangen die Hagenbecks im Oktober 1942, mit dem Hamburger Bürgermeister Carl Vincent Krogmann über einen bereits gewährten Kredit von 400.000 Reichsmark und den Verkauf von Grundstücken in Stellingen zu verhandeln. Diese Verhandlungen waren möglich, da das ehemals preußische Stellingen wie Altona seit 1937 zu Hamburg gehörte. An die Reichsregierung wandten sie sich zur selben Zeit mit der Bitte, dem Zirkus als Gastspielort in der kommenden Saison Berlin zuzuweisen.[21]

Im Oktober 1940 fragte das »Hamburger Fremdenblatt« besorgt, wie sich die Tiere in Stellingen bei Fliegeralarm und Flakgeschützfeuer verhalten würden; die Hagenbecks versicherten, daß der Tierpark auf alle Eventualitäten vorbereitet sei.[22] Seit 1940 war Hamburg das Ziel alliierter Bombenangriffe, die sich bis 1943 steigerten. Ihren Höhepunkt erreichten sie in der »Operation Gomorrha« Ende Juli 1943, bei der in Hamburg 30.000 Menschen starben und ein Großteil der Stadt zerstört wurde. Damals erlitt auch Hagenbecks Tierpark den schlimmsten Schlag seiner Geschichte. Am 25. Juli 1943 kamen im Hagel der Spreng- und Brandbomben etwa 120 Großtiere um oder mußten wegen Ausbruchgefahr erschossen werden, darunter Tiger, Jaguare, Leoparden, Panther, Löwen, Eis- und Braunbären, Zebras, Büffel, Kamele, Antilopen und Pferde. Unter den mehreren hundert toten Kleintieren waren Waschbären, Affen, Füchse, Schakale, verschiedene Vögel, Schlangen, Krokodile, Schildkröten und Fische. Auch viele Gehege und Stallungen, das Verwaltungsgebäude sowie das Hauptrestaurant wurden zerstört. Weitere Tierverluste hatte Hagenbeck im Verlauf des Krieges auch andernorts zu verkraften, z. B. 32 im Leipziger Zoo untergestellte Tiere durch Bombenangriffe. Bei einer Inventur in Stellingen im September 1943 waren zwar noch etwa 1.100 Tiere vorhanden, die wertvollsten waren jedoch umgekommen und etwa 70 bis 80 Prozent der Anlagen des Tierparks zerstört.

Der Tierpark als Filmkulisse

Für die großen Völkerschauen bot der Stellinger Tierpark mit seinen perfekt inszenierten künstlichen Landschaften geradezu ideale Voraussetzungen. Die Dramaturgie vieler dieser exotischen Spektakel entsprach ganz dem Muster, das bald für ein neues Medium charakteristisch werden sollte: das der Kinematographie. Kein Wunder also, daß der Tierpark als Location für die neu gegründeten Filmfirmen von Anfang an interessant war. Zunächst sperrte sich Carl Hagenbeck allerdings gegen eine Zusammenarbeit und verweigerte jedwede Drehgenehmigung. Vielleicht ahnte er schon, daß der Film seine Völkerschauen in den nächsten Jahren nach und nach verdrängen und schließlich ganz ablösen würde. Schließlich fand er sich kurz vor seinem Tod doch noch bereit, mit der Ufa einen Vertrag über die Produktion eines Kulturfilms abzuschließen. Das war der Beginn einer Zusammenarbeit, die für den frühen deutschen Film erhebliche Bedeutung erlangen sollte. Für die Filmarbeit war Carl Hagenbecks Sohn Lorenz zuständig.

In diesem Zusammenhang sind noch zwei weitere Mitglieder aus Hagenbecks Familie zu nennen, die sich in besonderer Weise für das Filmgeschäft engagierten: Heinrich Umlauff (1868–1925) und John Hagenbeck (1866–1940). Umlauff, ein Neffe von Carl Hagenbeck und Sohn von Johann Friedrich Gustav Umlauff, dem Gründer des »Weltmuseums« am Spielbudenplatz, wurde im Jahr 1917 mit Exklusivvertrag zum Berater und Ausstatter der Filmgesellschaft Decla und später der Ufa. Umlauff hatte zuvor bereits zahlreiche Völkerschauen für Carl Hagenbeck ausgestattet, nicht nur mit ethnographischen Gegenständen aus dem schier unerschöpflichen Fundus seines »Weltmuseums«, sondern auch mit kulissenähnlichen Bauten. So geht das Südland-Panorama in Stellingen auf seinen Entwurf zurück. Für die Produktionsfirmen war er von großem Nutzen, weil er – auch dank seiner guten Geschäftsverbindungen mit zahlreichen ethnographischen Museen – jederzeit alle nötigen Ausstattungsstücke für Filme in exotischem Ambiente zu beschaffen vermochte. Umlauff arbeitete später als Filmarchitekt in den neuen Ufa-Studios von Babelsberg.

John Hagenbeck, Carl Hagenbecks Halbbruder, gründete im Jahre 1918 sogar eine eigene Filmgesellschaft mit Sitz in Berlin. Bis 1924 produzierte die Aktiengesellschaft eigene Filme. Dabei kamen ihm seine langjährigen Erfahrungen bei der Organisation von Völkerschauen zugute, die er vor allem während seines jahrelangen Ceylon-Aufenthaltes gesammelt hatte. In der Aufsatzsammlung »Triviale Tropen – Exotische Reise- und Abenteuerfilme aus Deutschland 1919–1939« schreibt die Ethnologin Hilke Thode-Arora: »Die Filme John Hagenbecks zeigen, wie sehr er auf seine Kenntnisse aus früheren Tätigkeiten als Tierhändler, Organisator von Jagdgesellschaften, Veranstalter von Völkerschauen und Zirkusreisender zurückgriff. Der Schauplatz ist meist exotisch, mindestens jedoch ein Zirkus oder eine Menagerie, oder es finden sich in irgendeiner Form Jagdszenen mit wilden Tieren.«[1]

Um Filme dieser Art zu produzieren, war der Stellinger Tierpark ein ideales Gelände. Hier lebten zahlreiche exotische Tiere – zusammen mit den Angehörigen von Völkerschauen passende Komparsen –, und die künstlichen Landschaften ließen keine Wünsche offen. So wurde Hagenbecks Tierpark für den deutschen Stummfilm zu einem wichtigen Drehort. In seinem Buch »Filmstadt Hamburg« schreibt Michael Töte-

Dramatische Szene aus Fritz Langs Abenteuerfilm »Die Spinnen«.

Bilder mit Irene v. Beyendorff, Carl Raddatz und Ernst Schröder aus dem Film »Gift im Zoo«.

berg: »Abenteuerfilme vor exotischer Kulisse waren groß in Mode, doch fuhr deshalb kein Filmteam nach Afrika, Asien oder Amerika – Stellingen tat es auch.«[2] Im September 1919 drehte Fritz Lang bei Hagenbeck »Harakiri«, eine Liebesgeschichte in fernöstlichem Milieu, die unverkennbar am Vorbild der »Madame Butterfly« orientiert war. Die Hauptrolle, eine unglückliche Japanerin, spielte Lil Dagover. In einem Bericht über die Dreharbeiten heißt es: »Man filmt an einem typisch japanischen Bambushäuschen, das blütenumrankt vom Felsen herabschaut. Die kleine Japanerin mit den großen, langbewimperten Kinderaugen in dem schmalen Gesicht nimmt Abschied von dem hohen schlanken Geliebten in der schmucken Marineuniform. Man vernimmt nichts als das monotone Drehgeräusch des Apparates und ab und zu ein halblautes Wort Langs.«[3] Zu den Requisiten dieses Streifens gehörte auch die bis heute erhaltene Buddha-Statue auf der japanischen Insel.

Abenteuerlicher geht es in dem zweiten Film zu, den Fritz Lang in Stellingen gedreht hat: »Die Spinnen« ist die Geschichte der Jagd nach einem sagenhaften Inka-Schatz, die den sportlich-dandyhaften Helden um die halbe Welt führt. Doch Entfernungen waren kein Problem, da sich bei Hagenbeck mühelos alle Schauplätze aufbauen ließen. Eine Journalistin beschrieb die Dreharbeiten so: »In einiger Entfernung duckt sich malerisch ein Negerdorf zwischen Palmen und den Überbleibseln üppiger Urwaldvegetation. Das monotone Trommeln auf den Instrumenten der Eingeborenen

Einmal hatte Manfred Krug (l.) auch bei Hagenbeck zu ermitteln – als Hauptkommissar Stoever in dem 1987 produzierten NDR-Tatort »Tod im Elefantenhaus«.

verrät die Aufregung seiner Bewohner. Unter Fritz Langs Regie bereitet sich ein Überfall auf das Dorf vor.« In dem Zeitungsbericht heißt es dann weiter: »Die Schwarzen fühlen sich ehrlich wohl hier draußen. Der Reiz der heimischen Umgebung und die Echtheit der von Heinrich Umlauff gestalteten Ausstattung bringen es mit sich, daß sie sich ihr mit Leichtigkeit anpassen.«[4]

Neben den vielen ausländischen Komparsen drehten namhafte Darsteller – wie Harry Piel, Werner Krauß und Anika Berber – vor den Kulissen von Hagenbecks Tierpark. Auch nach der Stummfilmzeit kamen immer wieder Filmteams nach Stellingen, an deren Produktionen einige Requisiten bis heute erinnern. So entstand die japanische Brücke für den Film »Ein kleines Teehaus«, der im Jahre 1953 produziert wurde. Ein anderes Projekt wurde im Jahre 1951 von der politischen Hysterie des Kalten Krieges überschattet. Darüber schreibt der Filmhistoriker Michael Töteberg: »Die rätselhaften Tiermorde im Frankfurter Zoo hatten

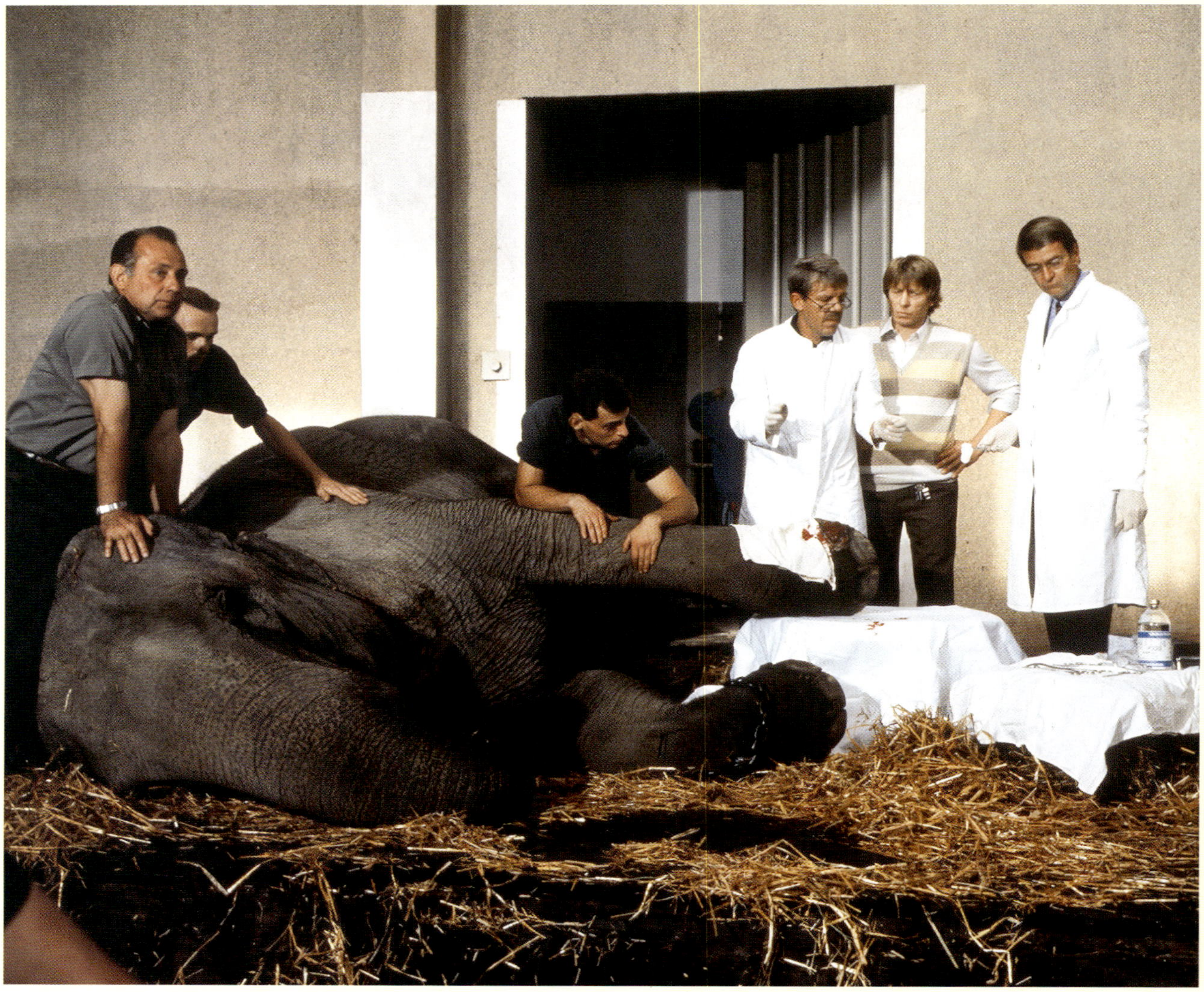

Der Elefant ist ebenso echt wie Dr. Claus Hagenbeck (r.), doch ansonsten hatte die ZDF-Serie »Unsere Hagenbecks« mit der wahren Geschichte des Stellinger Tierparks nichts zu tun.

monatelang die Boulevardpresse beschäftigt. Joachim Matthes (Camera Film), immer auf der Suche nach geeigneten Stoffen, witterte eine zugkräftige Story: Die Kombination von Kriminal- und Tierfilm versprach etwas. Das Script wurde geschrieben und umgeschrieben: die Bundesbürgschaft war bereits gesichert, die Dreharbeiten in Stellingen wurden vorbereitet [...] Der erste Drehtag war auf Anfang Oktober 1951 festgelegt. Kurz zuvor erklärte das Innenministerium plötzlich, der vertraglich verpflichtete Regisseur Wolfgang Staudte sei untragbar; die Bürgschaftszusage wurde zurückgezogen.«[5] Hintergrund der Kontroverse, die auch in den Hamburger Zeitungen ausgetragen wurde, war Staudtes Engagement für die ostdeutsche Defa, wo er u. a. so berühmte Filme wie »Die Mörder sind unter uns« und die Heinrich-Mann-Verfilmung »Der Untertan« gedreht hatte. Der Film »Gift im Zoo« entstand schließlich mit Verspätung unter der Regie von Hans Müller – gedreht bei Hagenbeck und in den Wandsbeker Real-Film-Studios.

Viele Jahre später machte der NDR Hagenbecks Tierpark dann doch noch zum Krimi-Schauplatz: Im Jahr 1987 drehte die ARD hier eine Folge für die Krimi-Reihe »Tatort« mit Manfred Krug als Hauptkommissar Stoever.

Eine 1989, 1992 und 1994 in drei Staffeln ausgestrahlte ZDF-Vorabendserie mit Tilly Lauenstein und Peter Striebeck trug sogar den Titel »Unsere Hagenbecks«. Die Filme wurden auch tatsächlich in Stellingen produziert, doch die Stories, die sich die Serienautoren Herbert Lichtenfeld, Christoph Mattner und Christian Görlitz einfallen ließen, haben außer dem Namen nichts mit der durchaus filmwürdigen Familiengeschichte der Hagenbecks zu tun.

In dieser Szene aus »Unsere Hagenbecks« füttert Peter Striebeck das Walroß »Antje«.

Neuanfang und neue Fragen: vom Trümmerfeld zum Erlebnispark 1945–1998

Auch im High-Tech-Zeitalter ist die Faszination wilder Tiere ungebrochen

TROTZ DER NOT DER BEVÖLKERUNG in den Kriegs- und ersten Nachkriegsjahren und der Zerstörungen in Stellingen wurde der Tierpark nach wie vor von den Hamburgern besucht. Noch im April 1945, dem letzten Kriegsmonat in Europa, und trotz Luftalarms an 15 Tagen kamen 3.188 Besucher, darunter 1.831 Kinder und 991 Soldaten. Als Hamburg bei Kriegsende den alliierten Streitkräften übergeben wurde und britische Truppen in die Stadt einrückten, blieb der Tierpark nur während der allgemeinen Ausgangssperre am 3. und 4. Mai 1945 geschlossen. Es mag erstaunen, aber bereits am 7. Mai besuchten 289 Menschen den Tierpark, und am 10. Mai, dem Himmelfahrtstag, waren es sogar 1.043. In jenem Monat waren es dann insgesamt 43.088, im Juni bereits wieder 128.893 Besucher.[1] So wie Hagenbecks Tierpark schon nicht mehr aus der Hamburg-Werbung wegzudenken war, so blieb er weiterhin ein Ausflugsziel für die Menschen, ein Ort der Ablenkung von ihren Sorgen.

Die schlechte Versorgungslage in den Jahren unmittelbar nach dem Ende des Zweiten Weltkrieges betraf vor allem die Bevölkerung, aber auch die Tiere. Durch Eichelsammlungen wurden im Jahr 1945 fast 1.000 Zentner Futter zusammengebracht. Nach einem Aufruf der Oberschulbehörde im folgenden Jahr sammelten die Schülerinnen und Schüler aller Hamburger Schulen insgesamt 2.450 Zentner, so viel, daß der Tierpark 1.126 Zentner an Bauern weiterverkaufen konnte. Einige Wagenladungen Eicheln wurden in diesen Jahren bei den Phoenix-Gummiwerken gegen Gummistiefel, Fahrraddecken und -schläuche

Bis 1948 waren die Trümmer weitgehend beseitigt – auch mit tatkräftiger Hilfe der überlebenden Elefanten.

Strauße für Hagenbeck: Trotz großer finanzieller Probleme konnte nach Kriegsende der Tierbestand in Stellingen relativ rasch wieder aufgestockt werden.

für die Tierparkmitarbeiter eingetauscht. In kleinerem Umfang wurden auch noch in den folgenden Jahren von Schülern Eicheln und Kastanien für die Tiere gesammelt, eine Tradition, die bis in die 1960er Jahre fortgesetzt wurde.

Nach dem Tod Heinrich Hagenbecks 1945 lag die Leitung der Firma nun in den Händen seines Bruders Lorenz sowie dessen Sohn Carl-Lorenz und seines Neffen Carl-Heinrich. Carl-Lorenz starb jedoch bereits 1948, sein Sohn Dietrich wiederum blieb bis 1982 einer der Geschäftsführer des Unternehmens. Carl-Heinrich behielt die Geschäftsführung bis zu seinem Tod 1977.

Der Wiederaufbau des Tierparks unter Carl-Heinrich Hagenbeck ging – den Zeitumständen entsprechend – nur langsam, aber kontinuierlich vonstatten. Zuerst mußten die Trümmer der zerstörten Gehege und Gebäude beseitigt werden, was – mit tatkräftiger Hilfe der Elefanten – bis 1948 weitgehend gelang. Es fehlten für größere Investitionen die Einnahmen aus dem Fremdenverkehr und dem internationalen Tierhandel, die in den ersten Nachkriegsjahren noch nicht wieder belebt bzw. zugelassen waren. Als erstes wurden im Norden des Tierparkgeländes neue Freianlagen für Damwild, Guanakos und Bisons geschaffen. Die durch Bomben beschädigten Saurierplastiken wurden im Jahr 1948 mit Hilfe von Schenkungen einiger Baustoffirmen wiederhergestellt. Es folgten u.a. Freianlagen für Giraffen und Antilopen (1951), wobei erstmals ein Trockengraben verwandt wurde. Neu war auch die Freianlage für Tiger – der sogenannte »Tiger-Dschungel« im Nordosten –, erstmals mit Maschendraht für die rückwärtige Absperrung versehen und anschließend weltweit oft kopiert. Auch den Neubau

Frühjahr 1949: Die Zirkuswagen brechen zur »Westzonen-Tournee« auf. Rechts: Dieser Tierparkführer von 1950 warb bereits wieder mit einem ansehnlichen Tierbestand.

für die Ponys (1958) und die Anlagen für asiatische Leoparden und Vielfraße (1957) konzipierte Carl-Heinrich Hagenbeck und ließ sie von dem Architekten Fritz Kieb entwerfen.[2]

Zum 100jährigen Jubiläum von Hagenbeck im Jahr 1948 wurden alle Briefe in Hamburg mit einem Sonderstempel – einen Elefanten darstellend – versehen. Der Hamburger Senat sandte der Familie Hagenbeck eine Grußadresse. Im Tierpark wurde aus den Resten des ehemaligen Hauptgebäudes, in dem sich bis 1943 u. a. die Verwaltung, die Dressurhalle und die Ställe für den Tierhandel befunden hatten, eine Ausstellungshalle geschaffen, in der anläßlich des Jubiläums die Schau »100 Jahre Hagenbeck« zu sehen war.

Die Jubiläumsfeier fand am 4. Mai 1948 im Tierpark mit einem Empfang für die Ehrengäste statt. Alle Gäste erhielten eine Medaille mit dem Porträt Carl Hagenbecks, die in drei Varianten eigens angefertigt worden war. Die Eröffnung der Ausstellung erfolgte durch Bürgermeister Max Brauer und den britischen Zivilgouverneur Sir Henry Vaughan Berry; daran schloß sich ein Essen an sowie ein Rundgang durch den Tierpark. Das Menü bestand u. a. aus Gemüsesalat auf Mayonnaise und gegrilltem Seesalm mit Kartoffelsalat. Die Gäste mußten Lebensmittelmarken für 50 g Brot, 25 g Nährmittel und 10 g Fett

Dieser Tierparkführer von 1948 warb bereits wieder mit einem ansehnlichen Tierbestand

Walross

CARL HAGENBECK
HAMBURG STELLINGEN

mitbringen, ein Zeichen für die nach wie vor schlechte Versorgungslage in dieser Zeit, die sich erst mit der Währungsreform im Juni 1948 schlagartig verbesserte.

Im Begleitheft für den Tierpark von 1948 wird hervorgehoben, es gebe trotz der Verluste »immer noch 500 Großtiere« zu sehen; 1950 hatte sich der Tierbestand bereits verändert, stolz wird verkündet: »Neue Tiere aller Erdteile von Pol zu Pol«. Auch das zweite wirtschaftliche Standbein der Familie Hagenbeck, der Tierhandel, gewann mit dem Fortfall der internationalen Handelsbeschränkungen wieder an Bedeutung. Die Bedingungen für den weltweiten Handel mit exotischen Tieren hatten sich aber gewandelt: Die Kolonien der Großmächte erlangten allmählich ihre Unabhängigkeit. Ansprechpartner beim Fang und bei der Ausfuhr von Tieren wurden nun diese selbständigen Staaten in Afrika und Asien. Gegenüber den Zeiten Carl Hagenbecks in den letzten Jahrzehnten des 19. und zu Beginn des 20. Jahrhunderts verlor der Tierhandel an Exotik, wurde immer mehr Kontrollen unterworfen und kam den Herkunftsländern der Tiere finanziell zugute.

Der Tierbestand in Stellingen war nicht nur durch die Bombenangriffe 1943 stark reduziert worden, weitere – z. B. 38 in den Leipziger Zoo verlegte Tiere – wurden durch die sowjetische Militärregierung beschlagnahmt und abtransportiert. Der Londoner Zoo erhielt im Jahr 1947 als Zwangsleihgabe 46 Tiere für zwei Jahre.[3] Die Tiere des während des Krieges nach Schweden gebrachten Zirkus wurden dort 1947 gegen den Willen der Hagenbecks und trotz des Protestes einflußreicher Hamburger Einzelpersonen und Institutionen versteigert und in alle Welt exportiert. Sie galten als deutsches Auslandskapital und wurden deutschen Reparationsleistungen angerechnet. Es galt also zuerst, den Tierbestand in Stellingen wieder zu ergänzen, bevor mit Tieren gehandelt werden konnte. 1949 reiste Arnulf Johannes, der bereits seit Jahrzehnten für die Hagenbecks tätig war, zur ersten Tierfangexpedition nach dem Krieg nach Westafrika. Zusammen mit Carl-Heinrich Hagenbeck unternahm er dann 1954 die letzte, aber auch eine der aufsehenerregendsten Expeditionen der Hagenbecks: den Fang von Wildeseln in Persien. Diese Onager waren die letzten noch frei lebenden Esel und von der Ausrottung bedroht.

Die Expeditionsteilnehmer kauften in Teheran Fangwagen, stellten persische Hilfskräfte ein und fuhren für mehrere Wochen in die heißen Salzwüsten, wo die genügsamen und temperamentvollen Onager lebten. Nach einer Hetzjagd mit den Jeeps wurden vor allem Fohlen, aber auch erwachsene Tiere mit Fangstöcken und Seilen gefangen und mit Frachtflugzeugen nach Hamburg transportiert.[4] Den Hagenbecks

Abbildungen Seite 110/111: Auch in den 50er und 60er Jahren war Hagenbeck ein beliebtes Ziel für Familienausflüge am Wochenende. Die Fütterung der Seehunde und Robben wurde von den Tierpflegern schon immer gern als Show inszeniert.

Die Bildfolge auf der linken Seite entstand im Jahr 1954 in der persischen Salzwüste während der aufsehenerregenden Onager-Fangaktion, durch die diese Wildeselrasse vor dem Aussterben bewahrt werden konnte.

Troparium
eine Wunderwelt in
Hagenbeck's Tierpark

gelang es, eine Onager-Zuchtgruppe aufzubauen, von einer Tierart also, die heute nicht mehr in freier Wildbahn anzutreffen ist. Der Boden des Onagergeheges wurde mit Kies und Gestein bedeckt, um für die Wildesel annähernd gleiche Verhältnisse wie in ihrer Heimat zu schaffen.

Traditionell hatten die Hagenbecks gute Beziehungen nach Indien, die auch in den 1950er Jahren aufrechterhalten wurden. Zum Beispiel kaufte der Tierpark mit Unterstützung des Zoos in Kalkutta 1957 das eigens in Assam gefangene Nashorn »Nepali II«. Mit der indischen Regierung schloß Carl-Heinrich Hagenbeck 1956 einen Vertrag über die Planung eines zoologischen Gartens in der Hauptstadt Neu-Delhi, für den er detaillierte Pläne entwarf und dessen Entstehung er während der gesamten Bauphase begleitete. Zwischen Hamburg und Neu-Delhi wurde 1956/57 eine rege Korrespondenz geführt, Baupläne wurden hin- und hergeschickt, Hinweise für die Anlage von Be- und Entwässerungsgräben, Kläranlagen, Wegebefestigungen, Freianlagen, Gebäude u. a. gegeben.

Im Tierpark in Stellingen begann 1958 der Bau einer neuen Attraktion: des Menschenaffenhauses und des Tropariums. Aus dem ehemaligen Bauernhaus mit dem Ponystall wurde zunächst ein Haus für Schimpansen, Gorillas, Orang-Utans und Gibbons geschaffen. Unter demselben Dach erfolgte am 9. März 1960 durch Bürgermeister Max Brauer die Eröffnung des Tropariums, das sich in seiner Vielfalt wesentlich von dem 1943 zerstörten Aquarium unterschied. Mit Hilfe moderner Klimaanlagen konnten in Terrarien und Aquarien in temperierten See- und Süßwasserbecken Tiere gezeigt werden, deren Haltung bisher hier nicht möglich gewesen war. Dazu gehörten neben Kolibris, Wüstenspringmäusen, Riesenschildkröten, Krokodilen, Waranen und

Werbeplakate und Faltblätter wiesen darauf hin, daß der Stellinger Tierpark weiter ausgebaut wurde. Im Jahre 1960 eröffnete Hamburgs damaliger Bürgermeister Max Brauer das Troparium.

Seiten 116/117: Elefanten und Menschenaffen gehören zu den beliebtesten Tieren.

Das Seepferdchen, das dem Springer im Schachspiel Modell gestanden zu haben scheint, schwebt aufrecht im Wasser. Unten ein Grüner Baumpython, der 1981 hier geschlüpft ist. Auf der rechten Seite ist eine Formation tropischer Fische und ein farbenprächtiges Korallenriff zu sehen.

anderen Echsen zahlreiche Insekten und Fische, darunter auch Haie. Die rund 50 Über- und Unterwasserlandschaften wurden im Lauf der Jahre ergänzt und erweitert. Die komplizierte Technik mußte ständig modernisiert werden. Im Jahr 1990 erfolgte der Bau eines 6.000-Liter-Aquariums mit einem großen Korallen-Panorama.

Der Tierhandel hatte für die Firma Hagenbeck bis in die 1970er Jahre große wirtschaftliche Bedeutung; vor allem für zoologische Gärten in aller Welt wurden Tiere vermittelt, verkauft oder getauscht. Von den drei wirtschaftlichen Standbeinen der Hagenbecks, Tierhandel, Tierpark und Zirkus, blieben nach der endgültigen Aufgabe des »Circus Carl Hagenbeck« im Jahr 1953 also nur noch zwei erhalten. Die immer moderneren und schnelleren Transportmittel, vor allem die Frachtflugzeuge, vereinfachten den Handel. Was Carl Hagenbeck für die Standortwahl Stellingen 1896 noch wichtig gewesen war – der nahe Eisenbahnanschluß in Eidelstedt –, spielte nun kaum noch eine Rolle; der Flughafen in Hamburg-Fuhlsbüttel übernahm diese Funktion. Der Rückgang des Tierhandels seit den 1970er Jahren wird auch durch das Washingtoner Artenschutzabkommen von 1973 beeinflußt worden sein, in dem sich bis dahin 143 Staaten verpflichtet hatten, den Handel mit

exotischen und vom Aussterben bedrohten Tieren zu unterbinden oder zumindest zu kontrollieren. Vor allem sollte damit auch der Handel mit Produkten von wildlebenden Tieren verhindert werden, z. B. mit Tiger- und Leopardenfellen, Krokodilleder, Schildpatt und Elfenbein.

Bemerkenswert ist, daß zwischen Hagenbecks Tierpark und den Zoos in der DDR während der gesamten Zeit des Kalten Krieges Kontakte weiterbestanden. In den Jahren 1956 und 1957 erhielt der Zoo in Leipzig einen Bengaltiger, einen südamerikanischen Tapir und einen Indischen Elefanten. Mit dem Dresdner Zoo wurden 1958 ein Alpaka und eine Elenantilope getauscht, und zu seinem 100jährigen Jubiläum 1961 wurde ihm eine Hyäne gestiftet. Die Hagenbecks betätigten sich auch als Vermittler und sandten 1960 ein Paar junge Kodiakbären, die der Zoo von Münster in Stellingen untergestellt hatte, als Geschenk an den Zoo in Rostock. Zwischen 1957 und 1961 verkauf-

Roter Korallenwächter

ten die Hagenbecks zahlreiche Tiere auch an den Tierpark in Berlin (DDR), u. a. Orang-Utans und andere Affen, ein afrikanisches Nashorn, einen jungen Leoparden, Geier und Flamingos. Mit dem Leipziger Zoo wurde 1970 ein Sibirischer Tiger getauscht.

Bedeutung gewann der Tierpark auch durch den Erhalt und die Zucht von Tieren. Sensationell war die erstmalige Geburt von Panzernashörnern in einem deutschen Tierpark 1964 und noch einmal 1967; die Väter stammten beide aus dem Baseler Zoo. Die Aufzucht von Orang-Utans gelang ebenso wie die von Mähnenwölfen aus Südamerika und von brasilianischen Riesenottern (1990). Das wohl umfangreichste und noch heute andauernde Zuchtprogramm wurde Mitte der 1980er Jahre beschlossen: die Elefantenzucht. Bis in die 1960er Jahre waren Elefanten von den Hagenbecks direkt importiert worden, nun übernahmen indische Zwischenhändler dieses Geschäft, und die Hagen-

Als Jungtier frißt der Grüne Leguan Insekten und andere kleine Wirbellose. Wenn er älter wird, vermeidet er die Aufregungen der Jagd – und ernährt sich vorwiegend von Pflanzen.

becks suchten sich geeignete Tiere aus. Afrikanische Elefanten, die noch in den 1950er Jahren importiert wurden, vertrugen das feuchte norddeutsche Klima nicht und werden deshalb in Stellingen nicht mehr gehalten. Dietrich und Carl-Heinrich Hagenbeck hatten die Elefantenzucht immer mit Skepsis betrachtet, da die Haltung von Elefantenbullen problematisch ist; sie benötigen ein eigenes Gehege und werden während der »Musth« regelmäßig aggressiv.[5] Seit dem Beginn der 1980er Jahre erschwerten Handelsbeschränkungen den Import von Elefanten, wodurch der Entschluß, sie zu züchten, trotz aller Schwierigkeiten gefördert wurde. So wurde die Elefantenanlage 1988 um ein Bullengehege sowie 1994 um ein Mutter-Kind-Gehege erweitert. Die zwei Nashörner mußten deshalb 1993 an den Zoo in Singapur verkauft werden. Aus Indien traf 1987 der Elefantenbulle »Hussein« ein. Der Erfolg dieser Planungen zeigte sich im Sommer 1992, als zwei Elefanten geboren wurden; zwischen 1992 und 1997 waren es insgesamt sieben Geburten. Hagenbecks Tierpark wurde damit nicht nur zur erfolgreichsten Zuchtstätte asiatischer Elefanten in Europa, sondern besitzt hier mit 14 Tieren (Bestand 1997) auch die größte Elefantenherde.

Ende der 80er Jahre begann Hagenbeck mit seinem Elefanten-Zuchtprogramm, das sich seit 1992 durch zahlreiche Geburten als erfolgreich erwies.

Der Mantel-Pavian scheint tatsächlich einen Mantel zu tragen, denn die graue Fellmähne bedeckt seinen Körper wie ein Kleidungsstück.
Rechte Seite: Die rosa Farbe des Gefieders wird durch einen Farbstoff erzeugt, den die Flamingos mit ihrer Nahrung aufnehmen.

Es gab in den letzten Jahrzehnten aber noch weitere wichtige Maßnahmen, die die Attraktivität des Tierparks in Stellingen erhalten und steigern sollten. Der Wunsch nach einer Verbesserung der Verkehrsanbindung des Tierparks bestand seit seiner Eröffnung im Jahre 1907; die Forderung nach einem U-Bahn-Anschluß wurde besonders seit dem Ende der 1920er Jahre auch in der Bürgerschaft diskutiert, da damals Gerüchte über eine Verlegung der Firma Hagenbeck in die USA kursierten. 1961 wurde dann endlich der Ausbau der Bahnstrecke von Schlump über Hellkamp beschlossen und 1962 schließlich mit dem Bau begonnen. Die Bahnstation Hellkamp wurde durch die Station Lutterothstraße ersetzt, neue Endstation der U-Bahn wurde »Hagenbecks Tierpark«, die am 30. Oktober 1966 – auch im Beisein einiger Tiere – eröffnet wurde. Hagenbecks Tierpark war eine so alte und bedeutende Hamburger Institution, daß diese U-Bahn-Station den Namen der nach wie vor privaten Firma erhielt. Der Haupteingang des Tierparks lag jedoch etwas entfernt, so daß ein Fußweg durch das Gelände an der Koppelstraße, an Tiergehegen vorbei, angelegt werden mußte. Bereits am Beginn des Wegs, bei der U-Bahn-Station, lockt ein großer Schriftzug:»Hagenbecks Tierpark«.

Von 1971 bis 1996 bestand das Delphinarium, in dem die Dressur von Delphinen, Robben und einem Killerwal vorgeführt wurde.

Nicht nur die Elefanten erhielten ein erweitertes Gehege, u. a. bezogen 1969 die Onager einen neuen Stall, im Jahr 1978 bekamen die Paviane und Otter ein erweitertes Gebäude. Das alte Vogelhaus gegenüber dem Eismeer-Panorama erfuhr in den Jahren 1984/85 eine Sanierung u. a. mit der Wiedererrichtung von Türmen auf den Volieren und der Erneuerung der Käfige. Die Felsrestaurierung am großen Panorama konnte 1988 abgeschlossen werden. Trotz der Zerstörungen des Krieges und der baulichen Veränderungen sind in Hagenbecks Tierpark so viele historische Bauteile und Anlagen erhalten geblieben, daß der Park im Jahr 1997 in die Hamburger Denkmalliste aufgenommen wurde.[6]

Eine neue Attraktion wurde im Tierpark am 12. März 1971 vor zahlreichen Ehrengästen eröffnet: das Delphinarium. Der kostspielige Bau von über zwei Millionen Mark war ein freitragender, 13 Meter hoher Hallenbau südlich der Elefantenanlage. 1.000 Zuschauer konnten auf ein Schaubecken von 30 Meter Länge, elf Meter Breite und vier Meter Tiefe blicken. In einem Anbau befanden sich ein Trainings- und ein Quarantänebecken. Hinter der Bühne lagen Schwimmbecken für Seelöwen. Das Delphinarium erforderte aufwendige technische Anlagen, da die Wasser- und Lufttemperatur konstant 20 Grad betragen und die 1.800 Kubikmeter Wasser ständig gefiltert und mit 45.000 Kilo Seesalz aufbereitet werden mußten.

Seit den 1960er Jahren erfreuten sich Delphinshows allgemein zunehmender Beliebtheit, nicht zuletzt gefördert durch entsprechende Serien im Fernsehen. Auch in Hagenbecks Tierpark waren die vielfältigen artistischen Kunststücke der Delphine aus Florida und der Seelöwen ein Besuchermagnet. Bereits der Transport der empfindlichen Delphine aus Florida war ein schwieriges Unternehmen; sie mußten im Flugzeug unter ständiger Aufsicht sein und auf dem Rollfeld in Fuhlsbüttel direkt in einen geheizten Wagen umgeladen werden. Da jedoch in der Öffentlichkeit seit den 1970er Jahren ein kritischeres Bewußtsein gegenüber der Tierhaltung wuchs, entzündete sich insbesondere auch an den Delphinarien die Diskussion, ob die Haltung und Dressur der intelligenten und sensiblen Delphine artgerecht sei oder nicht. In die Kritik geriet Hagenbecks Tierpark im Februar 1985, als der seit dem Jahr 1981 vorgeführte Killerwal »Orca« in Hängematte und Container nach Japan weitergegeben wurde. Der vor Island gefangene vier Meter lange und zwei Tonnen schwere Wal war von einer amerikanischen Firma geleast worden. Die Proteste von Umweltorganisationen und Einzelpersonen richteten sich gegen die Vermietung des Wals wie von Lebewesen überhaupt und gegen die Weitersendung an Japan, eine ohnehin umstrittene Walfangnation.[7] Die abnehmende Akzeptanz

Fliegen können sie zwar nicht, aber als Schwimmer und Taucher sind die Humbold-Pinguine (rechts oben) hervorragend. Vorzüglich über und unter Wasser schwimmen auch die Seehunde (rechts unten), die sich allerdings mit ihren Flossenhänden an Land nur mühsam fortzubewegen vermögen.

des Delphinariums, seine hohen Kosten sowie neue Bauvorhaben auf dem Gelände werden die Entscheidung für seinen Abriß 1996 beeinflußt haben.

Wie alle anderen Tierparks und Zoos der Welt ist auch Hagenbecks Tierpark weiterhin der Kritik ausgesetzt. Dabei reichen die Meinungen von uneingeschränkter Zustimmung zu der einmaligen Parkanlage bis zur Forderung »Macht Hagenbeck dicht«. Radikale Aktionen von Tierparkgegnern wie die Blockade des Haupttores im Juni 1993 sind zwar die Ausnahme, die Diskussion z. B. um artgerechte Tierhaltung, den Bildungsauftrag von Zoos, die Rettung bedrohter Tierarten, die kommerzielle Nutzung wilder Tiere sowie die Zucht und Erforschung exotischer Tiere dauert aber an.[8] Um insbesondere Kinder und Jugendliche bei der Beschäftigung mit exotischen Tieren zu unterstützen, wurde

Mit Kinderfesten und Abenteuer versprechenden Angeboten suchte der Tierpark schon in den 50er Jahren das junge Publikum anzulocken.

im Jahr 1989 eine – von der Schulbehörde finanzierte – Planstelle für eine Zoopädagogin im Tierpark geschaffen.

Indem Carl Hagenbeck in seinem Tierpark Völkerschauen zeigte, Restaurants, Kinderspielplätze und Kleinbahnen errichten ließ, ging er über die Zurschaustellung von Tieren weit hinaus und kam dem Unterhaltungsbedürfnis der Menschen mit Erfolg entgegen. In Stellingen wurden Konzerte, Kinderfeste und Großfeuerwerke geboten, der Tierpark war immer auch ein Freizeitpark. So wundert es nicht, daß seit den 1950er Jahren das Unterhaltungsangebot ausgebaut und dem Zeitgeschmack angepaßt wurde. Kinderzirkus, Revuen, Elefantenreiten und Laternenfeste gehörten zu den wechselnden Veranstaltungen.

An die Darstellungsform der Völkerschauen knüpften die »Indischen Elefantenfeste« an, für die Requisiten in Indien gekauft und in Stellingen Kulissen aufgebaut wurden, zwischen denen nun jedoch verkleidete Mitarbeiter des Tierparks die exotischen Rollen übernahmen. Seit 1984 sollen die »Dschungelnächte« besonders junge Erwachsene in

Ein wenig erinnert die Exotik der »Dschungelnächte«, zu denen jeweils im Mai und Juni eingeladen wird, an die Völkerschauen. Doch der erste Eindruck täuscht: Im Unterschied zu früheren Zeiten reiten heute keine Angehörigen fremder Völker, sondern meist eingeborene Hamburger auf den Elefanten.

den Tierpark locken, der illuminiert und bis nachts geöffnet ist. Eine weitere neue Attraktion sind technisch aufwendig gestaltete Sonderausstellungen zu Themen, die im weiteren Sinn mit der Tierparkthematik zu tun haben. Sie sind darüber hinaus eine Einnahmequelle in den besucherschwachen Wintermonaten. Gezeigt wurden im Winter 1992/93 »Dinamation: Die Dinosaurier sind zurück«, im Winter 1993 »Die Wale« und im Sommer 1995 »Elefant und Mensch«.

Hagenbecks Tierpark hat sich im Laufe der Jahrzehnte zu einer Hamburger Institution entwickelt, die aus dem Spektrum der Sehenswürdigkeiten und Touristenziele nicht mehr wegzudenken ist. Nicht nur die räumliche Nähe zu den Sendestudios des Norddeutschen Rundfunks brachte es deshalb mit sich, daß das beliebte Walroß »Antje« zum Werbesymbol des Fernsehsenders werden konnte. Der Tierpark, der nunmehr zum Hauptanliegen der Familie Hagenbeck geworden ist, gilt als norddeutsche Institution. Dafür ausschlaggebend ist nach wie vor die Zurschaustellung lebendiger exotischer Tiere, deren Betrachtung

Das Walroß »Antje« ist der prominenteste Bewohner des Nordland-Panoramas. Die untere Abbildung zeigt, daß die Fütterung schon in den fünfziger Jahren eine Attraktion des Stellinger Parks war.

Der Afrika-Sattelstorch gehört zu den besonders großen Stelzvögeln. Die Besucher fasziniert er aber vor allem dank seiner eindrucksvollen Gestalt und Farbgebung. Rechte Seite: Die Humbold-Pinguine sind ebenso gesellig wie fürsorglich: Während der Brutzeit hält sich ein Partner ständig, der andere zumindest zeitweise in der Felsenhöhle auf.

auch durch Medien wie Fernsehen und Video nicht ersetzt werden kann. Darüber hinaus bieten die von Carl Hagenbeck konzipierten, immer noch ungewöhnlichen Freigehege in der beeindruckenden Parklandschaft ein besonderes Erlebnis. Dennoch muß sich der Tierpark Zeitströmungen anpassen und gegenüber anderen Freizeiteinrichtungen und -angeboten behaupten, da er als privat betriebene Institution – seit 1989 Carl Hagenbeck Tierpark GmbH – keine staatliche Förderung erhält. Die Stadt Hamburg nimmt dafür durch die Ablehnung konkurrierender Projekte – wie des Großaquariums an den Landungsbrücken 1993 – Rücksicht auf die Interessen des Tierparks.[9] Der wirtschaftlichen Absicherung dienten in der Mitte der 1990er Jahre Überlegungen zum Bau eines Hotels sowie zu dem Verkauf eines Teils des Geländes an die Endo-Klinik.[10] Um seine Attraktivität zu erhalten, wurde 1996 ein neuer großer Kinderspielplatz angelegt, und weitere gastronomische Einrichtungen befinden sich im Aufbau. Die Entwicklung geht in Richtung eines Freizeitparks mit vielfältigen Angeboten, womit die Ideen Carl Hagenbecks, die er bereits vor über 100 Jahren hatte, zeitgemäß fortgesetzt werden.

Eisbären haben eine Lebenserwartung von 30 bis 40 Jahren. Die Flamingos (Seite 134) brauchen ihren abgeknickten Schnabel, um im Wasser Nahrung aufzunehmen. Die indischen Hutaffen, die auf diesem »Familienfoto« (Seite 135) zu sehen sind, können mehr als 20 Jahre alt werden.

Seite 139: Buddhas, Elefantenstatuen, Tempel – die Exotik der Parkgestaltung erinnert noch an die Zeit, in der Hagenbeck Angehörige fremder Völker in Stellingen auftreten ließ.

Bizarre Formen, faszinierende Farben: Die Rotfeuerfische gehören gewiß zu den eindrucksvollsten Bewohnern des Tropariums. Die Buddha-Statue (vorhergehende Seiten) ist ein prägender Bestandteil der Stellinger Parklandschaft, in der auch die aus Indien stammenden Axishirsche und die Pelikane naturnahe Lebensräume gefunden haben.

Ein asiatischer Elefant kann bis zu 6000 Kilo auf die Waage bringen. Elefantenbullen sind Einzelgänger, die in ihrer »Musth« so unberechenbar sind, daß jeder direkte Kontakt mit ihnen lebensgefährlich werden kann.
Vorhergehende Seiten: Lange Hälse haben sie beide, aber sonst gibt es keine Ähnlichkeiten zwischen Giraffen und Straußen.

Folgende Seiten: Wahrhaft majestätisch sieht er aus, kein Wunder also, daß der Löwe in alten Sagen stets als König der Tiere aufzutreten pflegt. Das Streifenmuster seines Fells gibt dem Tiger in freier Wildbahn eine nahezu perfekte Tarnung. Die braucht er aber auch, da er seine Beutetiere aus nächste Nähe angreifen muß.

Plakate für Hagenbeck

Werbung war und ist für das Privatunternehmen Hagenbeck unverzichtbar. Das Publikum, dessen Eintritt den Betrieb finanziert, muß angelockt werden, Sonderangebote sollen zum Wiederkommen anregen. Daher gilt grundsätzlich: Die Plakate müssen vielversprechend bunt und auffällig sein und eindeutige Informationen vermitteln. Die ästhetischen Regeln des künstlerischen Plakats sind unter diesen Bedingungen kaum zu gebrauchen, was den Zirkus- und Zooplakaten häufig zum Vorwurf gemacht wurde. Das Ideal dieser Plakatgattung ist jedoch nun einmal die Abbildungstreue und der Detailrealismus. Das Publikum soll wissen, was es erwarten darf, und vor Ort die Bilderreize, die das Plakat ausgestrahlt hat, wiedererkennen.

Nur selten wird dieses Prinzip durchbrochen: Die dressierten Seelöwen, die die Buchstaben des Wortes »Circus« auf ihren Schnauzen balancieren, werden im Plakat des Jahres 1950 als starkfarbige Flächen ohne Details silhouettenhaft vor den kontrastierenden Fond gesetzt und signalisieren dem Betrachter kraftvolle Bewegung und grazile Dynamik zugleich. Nach dem Vorbild der Drolerien, die in mittelalterlichen Handschriften den Text umrahmten, spielen lustige Szenen zwischen der von der Schrift dominierten Plakatankündigung »Circus Carl Hagenbeck kommt« von 1918; der Affe hält den Elefanten am Rüssel, ein Schwein zieht galoppierend den Clownswagen usw. Seit Ende der 20er Jahre finden sich vereinzelt Experimente mit dem damals modernen, streng linearen Stil der Plakatkunst, z. B. das Jubiläumsplakat von 1932 mit der Giraffe und den Flamingos vor der bizarren Formation des Felsenpanoramas. Im Jahre 1933 wird das flächenfüllende Porträt des Kakadus impressionistisch zur Farbbewegung verfremdet, und auch die durchaus realistisch wiedergegebene Hautzeichnung des Rotfeuerfisches wird in der Werbung für das Troparium 1971 von dem Tiermaler Wilhelm Eigener zur graphischen Strukturierung genutzt.

Im allgemeinen aber berührt die jeweilige zeitgenössische Plakatästhetik die Werbung für Hagenbeck nur wenig. Hinzu kommt, daß Hagenbeck über 60 Jahre hinweg einer Plakatfirma die Treue hielt, die internationalen Ruf auf dem Gebiet der Zirkus- und Zooplakate genoß: Adolph Friedländer in Hamburg-St. Pauli. Das Unternehmen Friedländers war im Jahre 1872 gegründet worden, und Carl Hagenbeck war Friedländers erster bedeutender Kunde, blieb dies auch bis zum Jahre 1935, als die Druckerei, da die Familie Friedländer jüdisch war, aufgeben mußte. Die geschäftliche Zusammenarbeit entwickelte sich zur persönlichen Freundschaft, und so dürften Hagenbecks eigene Vorstellungen von Zirkus- und Zooattraktionen nicht ohne Einfluß auf den charakteristischen »Friedländer-Stil« der Plakate geblieben sein. Einmal erprobte Motive wurden immer wieder verwendet, gegebenenfalls in neue Hintergründe montiert, leicht modernisiert und ohne Texteindruck auf Lager genommen, so daß sie, mit neuer Beschriftung versehen, jederzeit als aktuelles Plakat zur Verfügung standen. Dies galt vor allem für die Zirkusplakate, denn die üblichen Clownvorführungen, Tierdressuren oder Artistenauftritte waren in nahezu jedem Zirkus ähnlich, und so mußten sie lediglich mit der aktuellen Sonderattraktion neu zu einer Collage zusammengestellt werden. Die Plakatgestaltung nutzte dabei die landläufigen Assoziationen, die in der Zirkusdressur eine Rolle spielten, geschickt für ihre Zwecke aus. Das dem potentiellen Betrachter vertraute Bild des

1912

oben: 1909, unten: 1914

oben: 1918, unten: 1931

1932

oben: 1933, unten: 1927

römischen Triumphzuges stand z. B. Pate, wenn auf dem Plakatentwurf von 1896 der Löwe – als »König der Tiere«, gekrönt und in einen Purpurmantel gehüllt – auf einem von zwei Tigern gezogenen und zwei Doggen gefolgten Triumphwagen stand.
Das Spiel mit den Assoziationen setzt sich fort in den Plakaten für die Völkerschauen und den Tierpark. In der Frühphase wirken sie zunächst wie brave Schulwandbilder, wenn z. B. in der Werbung des Jahres 1880 die »Bewohner der Kleinen Antillen« nebeneinander aufgereiht, einem Familienfoto ähnlich, abgebildet werden oder wenn im selben Jahr Riesen- und Zwergesel zum zoologischen Vergleich zusammen in eine dekorative Landschaft gestellt werden. Sehr bald aber wandelt sich das Bild, das Brave weicht dem Sensationellen, dem Gefährlichen und Wilden. Die Ankündigungen der Völkerschauen dokumentieren weniger die tatsächliche Realität fremder Lebensbedingungen, sondern eher die westeuropäischen Vorstellungen von außereuropäischen Menschen und Kulturen. Die Kalmücken und Nubier von 1908, die Indianer und Beduinen von 1912 entsprechen den Klischees vom freien, wilden, ungebärdigen und stolzen Naturmenschen, der geheime Sehnsüchte im europäisch dressierten Mann wecken soll.
Unter Einbeziehung artistischer Auftritte werden die Völkerschauen in den Plakaten wie Revuen angepriesen. Für die Reiterspiele der Tscherkessen und der Kosaken zwischen 1909 und 1932 werben zahlreiche gezückte Messer und halsbrecherische Voltigierakte auf galoppierenden Pferden. Das »Afrikanische Dorf« wird im Jahre 1908 durch einen Feuertanz präsentiert. Die mehrfach wiederholte indische Völkerschau verspricht mit der Elefantenparade und den Balancierkünsten an Bambusrohren exotische Prachtentfaltung und bestaunenswerte Gelenkigkeit. Das Spiel mit dem Nervenkitzel wird aufgegriffen, wenn beispielsweise 1931 die Kanaken als »die letzten Kannibalen der Südsee« vorgestellt werden und der abgebildete Kanake, vom Plakatentwerfer in Rot und Schwarz getaucht, drohend sein Kriegsbeil gegen den von ihm fixierten Plakatbetrachter hebt.
Der Reiz des Abenteuers und des Gefährlichen, dem man bei Hagenbeck zwar in sicherer Entfernung, doch nahe genug sein kann, schleicht sich auch in die Werbung für den Tierpark ein. Aufgesperrte Flußpferd- oder Krokodilsrachen werden effektvoll ins Bild gesetzt. Im Mittelpunkt der Tierparkwerbung stehen das einzelne Tier, die Tiergruppe oder eines der berühmten »Panoramen«, wobei nicht nur das Gefährliche oder Exotische, sondern auch das Putzige und Erheiternde zum Bildmotiv werden: lustige Situationen am Affenfelsen, badende Elefanten oder gravitätische Pinguine. Der Tierparknachwuchs im Frühjahr appelliert an menschliche Beschützerinstinkte, wobei die assoziativ gefährliche Nähe der kleinen Jungtiere zu den Spiel-Kuscheltieren der Kinderzimmer in den Plakaten nicht immer vermieden wird.
Die von der Reklame üblicherweise vermittelte Illusion, im Zoo die Tiere wie auf freier Wildbahn erleben zu können, wird kaum aufgebrochen, und die spezielle Zoo-Situation – Tiere im Gehege oder hinter Absperrungen, die menschlichen Betrachter davor – erscheint nur ganz selten im Bild, bietet dann aber Gelegenheit zu manch reizvollem Kontrast, wenn z. B. im Jahre 1909 in der Werbung für die neugeschaffene Aufstellung der steinernen »Tiere der Urwelt« inmitten der urzeitlichen Landschaft mit den furchteinflößenden, riesigen Sauriern ein modisch gewandetes Paar steht und der strohhutbedeckte Herr seiner sonnenschirmgeschützten Dame ganz gelassen den Tyrannosaurus Rex erklärt.
Das friedliche Nebeneinander der Tiere erweckt ohnehin Gedanken an paradiesische Urzustände und wird in den Plakaten auch immer wieder als Lockmittel genutzt. Dies findet sich über viele Jahrzehnte als durchgängiges Motiv, das allerdings gelegentlich durch eine dem realistischen Überlebenskampf entsprechende Szene durchbrochen wird; so greift 1933 in die Idylle der Kraniche, Flamingos und Affen eine Schlange ein, die sich um einen Pavian windet. Und auch der Osterhase von 1927 starrt wie das sprichwörtliche Kaninchen auf die Schlange.
Die Osterhasen gehören schon in die Kategorie der

Vermenschlichung der Tiere, eine Gefahr, der die für Hagenbeck tätigen Plakatkünstler nicht immer entgangen sind, wenn z. B. in der Frühlingswerbung von 1927 ein Robbenpaar aneinandergeschmiegt sich verliebt anhimmelt, umrahmt von flatternden Schmetterlingen und blühenden Zweigen.

Die fotografischen Plakate der letzten Jahrzehnte rücken jedoch wieder konsequent die spezifische Eigenart der jeweiligen Tiergattung in den Mittelpunkt und schlagen damit die Brücke zu den sachlichen Schaubildern des Anfangs. Was bleibt, ist die Anziehungskraft des Andersartigen und Geheimnisvollen.

1927

Was als Menagerie begann, wird zum Naturschutzzentrum

Das Arche-Noah-Prinzip: zoologische Gärten im 21. Jahrhundert

Kein anderes Medium als der Zoo kann die Menschen so eindrücklich auf den Zustand der Natur aufmerksam machen und sie zum Umdenken bewegen

AM EINGANG DES PARKS nehme ich ein tragbares Multimedia-Informationsgerät, sozusagen einen elektronischen Zooführer, in Empfang. Aus den im Menü angebotenen 50 Sprachen wähle ich »Deutsch« und das Thema »Bedrohte Arten«. Da der Biopark in Mexiko liegt, ist er auf die Biodiversität Lateinamerikas spezialisiert.

Zuerst stoße ich auf die Rekonstruktion eines Maya-Tempels, der Chac'mol, dem Gott des Jaguars, gewidmet ist. Mein Multimediagerät führt mich in die Kultur der Mayas ein, in ihre Kunst, ihre Musik, Kosmologie und Agrikultur. Ein Maisfeld macht darauf aufmerksam, daß diese Kulturpflanze aus der »Neuen Welt« stammt, und mir fällt ein, daß ich heute Cornflakes zum Frühstück hatte.

Als ich um die nächste Ecke biege, befinde ich mich im tropischen Regenwald. Auf meinem Monitor erscheint eine Zoomitarbeiterin. Ihr T-Shirt verrät, daß erst vor kurzem ein Kamerateam des MDR hier war, um Aufnahmen für die seit Jahrzehnten erfolgreiche Fernsehserie »Abenteuer Zoo« zu machen. Sie erklärt mir, daß die tropischen Regenwälder 90 Prozent der Biodiversität der Erde beherbergen, und berichtet über die Beteiligung des Parks an einem Projekt zur Erhaltung des Regenwaldes in Yucatán.

Im Dickicht des Waldes taucht plötzlich ein Jaguar auf. Die Stimme aus meinem Monitor spricht über die Lebensweise dieser Großkatzen und fordert mich auf, eine Spezialbrille aufzusetzen, durch die ich die Welt schwarzweiß sehe – so wie ein Jaguar seine Umwelt wahrnimmt. Als ich die Brille wieder abnehme, bin ich überwältigt von der Schönheit dieses Tieres und seines Biotops. Ein Stück weiter finde ich einen Ozelot, der sich gerade putzt. Als ich aufsehe, entdecke ich einen Tamandua im Geäst, einen Regenbogentukan und andere Vögel, während am Boden ein Nasenbär meine Aufmerksamkeit erregt.

Im nächsten Gehege leben Tapire. Mein Monitor verbindet mich per Satellit mit einem Tapir, der einen Sender trägt, und ich erfahre, daß der Biopark das Forschungsprojekt über das Leben dieser Spezies unterstützt. Bei genauerem Hinsehen fallen mir Leguane und Schmetterlinge auf. Ich sehe das angeschnittene Nest von Blattschneiderameisen und erhalte so einen Eindruck von der Diversität und Komplexität dieses einzigartigen Ökosystems.

Dies ist die Vision eines Zoobesuches im nächsten Jahrhundert, etwa im Jahre 2007. Was unterscheidet sie eigentlich von der Vision Carl Hagenbecks, der 1907 seinen Tierpark in Stellingen eröffnete? In seinem Buch »Von Tieren und Menschen« zeichnete er ein ähnliches Bild. Er wollte »die Tiere in größtmöglicher Freiheit und in einem der freien Wildbahn angepaßten Gehege zeigen«. Die Ideen Hagenbecks haben bis zum heutigen Tag ihre Durchschlagskraft behalten. Uns stehen

Im Jahre 1898 entwarf Carl Hagenbeck seine Vision des »Zoologischen Gartens der Zukunft«.

Carl Hagenbeck's Zoologisches Paradies.
Zoologischer Garten der Zukunft.

Bis in die Mitte des 19. Jahrhunderts boten umherziehende Menagerien den Menschen die einzige Möglichkeit, fremden Tieren zu begegnen.

heute lediglich bessere Methoden und Techniken zur Verfügung, sie zu verwirklichen. Was sich aber im Lauf dieses Jahrhunderts verändert hat, ist die Philosophie der Zoos, ihr Selbstverständnis und ihre Aufgabenstellung. Sie haben sich den weltanschaulichen und gesellschaftlichen Entwicklungen, den Vorstellungen und Erwartungen ihrer Besucher angepaßt und werden dies auch in Zukunft tun.

Wir erleben Ende des 20. Jahrhunderts einen gewaltigen gesellschaftlichen Umbruch. Verkrustete politische Strukturen haben sich aufgelöst, und die Völker des Balkans, des Kaukasus und vieler anderer Teile der Welt sind in einen z. T. gewaltsamen Prozeß der Neuorientierung getreten. Globale und nationale Wirtschaftsordnungen brechen zusammen und werfen schier unlösbare Probleme in bezug auf Arbeitsplatz- und soziale Sicherheit des einzelnen auf. In der Folge werden überkommene gesellschaftliche und moralische Wertvorstellungen in Frage gestellt, und die Menschen stehen hilf- und orientierungslos vor der Zukunft. Für den Biologen sind dies Auswirkungen des sogenannten »crowding-effect«, der in so progressiv anwachsenden Populationen wie der menschlichen naturgegebenermaßen auftritt.

Auch Carl Hagenbeck hielt seine Tiere – wie diese Aufnahme vom Neuen Pferdemarkt deutlich macht – zunächst noch auf traditionelle Weise in Käfigen.

Der Mensch ist zweifellos die erfolgreichste Art, die die Erde hervorgebracht hat. Unser Erfolg scheint uns jedoch zum Verhängnis zu werden. Wir stehen vor gewaltigen Versorgungs- und Entsorgungsproblemen. Sämtliche natürlichen Ressourcen werden ausgebeutet. Zwangsläufig bleibt die Vielfalt der Tier- und Pflanzenarten auf der Strecke. Art um Art verschwindet, und mit jeder ausgerotteten Tierart werden unsere Erde und unser Leben ärmer. Was bleibt, ist ein Denkmal – oder ein Platz im Museum. Beispiele sind: Quagga, Ur, Blaubock, Steller's Seekuh, Beutelwolf, Moa, Dronte und Wandertaube. Museen bewahren bekanntlich die »Leistungen« des Menschen für die Nachwelt auf.

Der explosive Zustand unseres Planeten läßt sich mit einem brennenden Museum vergleichen. Man stelle sich vor, die Kunsthalle am Glockengießerwall stünde in Flammen und es wären nur wenige Minuten Zeit, um wenigstens einige der zahlreichen Kunstwerke zu retten. Kunstbeflissene Idealisten würden ihr Leben aufs Spiel setzen, um wenigstens einige vor der Vernichtung zu bewahren. Diese Menschen wären sich der öffentlichen Anerkennung sicher. Wir sehen es heute als selbstverständlich an, unser kulturelles Erbe zu bewahren, die Akropolis vor dem endgültigen Verfall und die »Mona Lisa« vor Säureangriffen. Dagegen ist das öffentliche Bewußtsein für die Bedeutung und den Wert unseres natürlichen Erbes völlig unterentwickelt, und wir reali-

VORSICHT!
LEBENDE THIERE!
Karl Müller

sieren nicht, daß wir mit der Zerstörung unseres natürlichen Erbes zuletzt den Ast absägen, auf dem wir selber sitzen.

Das ungebremste Wachstum der Weltbevölkerung hat die Menschheit immer wieder vor Herausforderungen gestellt, und bisher wurden auch immer Lösungen gefunden. 99 Prozent seiner Geschichte hat der Mensch die Welt als barfüßiger Sammler und Jäger durchstreift. Man hat berechnet, daß die Weltbevölkerung vor etwa 10.000 Jahren aus zwei Millionen Menschen bestand. Damals erfand man den Ackerbau und begann, Tiere für eine bessere Fleisch- und Eiweißversorgung zu domestizieren. Um 3.500 v. Chr., zur Zeit der ersten Hochkulturen, gab es 20 Millionen, um die Zeitenwende schon 200 Millionen Menschen. Es dauerte noch einmal 1.800 Jahre, bis die erste Milliarde erreicht war. Heute gehen wir auf die sechste Milliarde zu, und die Verdoppelungszeit beträgt nur noch 30 Jahre.

Die Masse der Menschen ist heute aber an der Nahrungsproduktion nicht mehr beteiligt. Sie hat infolgedessen den Kontakt zu ihrer natürlichen Lebensgrundlage verloren und ignoriert in fataler Weise die für ihr Leben und Überleben bestehende Abhängigkeit von der Erhaltung des natürlichen Gleichgewichtes auf der Erde.

Dennoch scheint dem Menschen eine tiefverwurzelte Natursehnsucht innezuwohnen. Wir schmücken unsere selbsterrichteten Wohnhöhlen mit Zimmerpflanzen. Noch niemals wurden so viele Heimtiere gehalten wie heute, die nicht der Ernährung dienen, sondern schlicht Freude bereiten sollen. Als die schönste Zeit des Jahres bezeichnen wir den Urlaub, den wir natürlich nicht in den Städten verbringen. Statt dessen scheuen wir weder Mühen noch Kosten, um weit zu reisen, um ein Stück Natur und Individualität zu finden.

Auf der anderen Seite ist die realistische Einstellung zur Kreatur, wie wir sie noch bei der Landbevölkerung finden, in der naturentfremdeten Großstadtgesellschaft, also dem weitaus größten Anteil unserer Bevölkerung, einer vermenschelnden, romantisierenden und sentimentalen Sichtweise gewichen. Biologische Gesetzmäßigkeiten, die ungeachtet des Schicksals einzelner Tierindividuen für die Erhaltung von Populationen und Arten Sorge tragen, finden kaum noch Verständnis. Methoden des Wildlife-Managements – Stichwort: Elefanten – lassen sich in der Öffentlichkeit ebensowenig sachlich diskutieren wie Methoden der Bestandsregulierung im Zoo. Das gleiche gilt für die Jagd, Fischerei, die Haltung von landwirtschaftlichen Nutztieren oder gar für Tierversuche. Breite Zustimmung vor allem bei der jungen Generation finden dagegen Tierrechtler, selbst wenn sie seit neuester Zeit sogar Menschenrechte – wenn auch nur für einen Teil der Tierwelt, die Menschenaffen – einfordern.

Linke Seite: Tierschutz-Standards spielten beim Tierhandel lange Zeit keine Rolle. Diese Abbildung zeigt eine Reptilienlieferung bei Hagenbeck.

Beim Transport wurden oft platzsparende Behältnisse verwendet, die den Tieren keine Bewegungsfreiheit ließen.

Es kann daher nicht ausbleiben, daß auch die Legitimation zoologischer Gärten, Wildtiere zur Schau zu stellen, hinterfragt wird. Illustrierte und Fernsehmagazine durchleuchten die Zoos und decken ständig neue, scheinbar skandalöse Zustände auf. Wir machen es uns aber zu einfach, wenn wir uns damit trösten, daß es, solange es Zoos gibt, auch Gegner von Zoos gegeben hat, und die nach wie vor hohe Zahl an Zoobesuchern als eine Abstimmung mit den Füßen pro Zoo bewerten. Wer sein Ohr in die Menge hält, kann die zunehmenden kritischen Stimmen auch unter den Zoobesuchern nicht überhören. Die öffentliche Meinung über Zoos wird heute jedoch offenbar mehr durch Medienkonsum als durch gelegentliche Zoobesuche beeinflußt.

Über Jahrhunderte waren Tiergärten ein Privileg des Adels und der Reichen. Der älteste heute noch existierende Zoo, der Tiergarten Schönbrunn in Wien, geht auf diese Zeit zurück. Dies änderte sich mit der Französischen Revolution. Die königliche Menagerie in Versailles wurde aufgelöst. Die Tiere kamen in den Jardin des Plantes in Paris und wurden dem Bürgertum zugänglich gemacht.

Berühmte Zoologen wie Georges Baron de Cuvier, Georges Louis Leclerc Graf von Buffon, Louis Jean Marie Daubenton oder Jean Baptiste Antoine Pierre Monet de Lamarck erhielten so Gelegenheit, ihre

Studien zu betreiben. Das hierdurch in der Öffentlichkeit geweckte Interesse an Tieren führte zur Gründung naturwissenschaftlicher oder zoologischer Gesellschaften. Eine der bedeutendsten war und ist die Zoological Society of London, die im Jahre 1828 im Regent's Park einen Zoo gründete. Nach diesem Vorbild entstanden nun überall in Europa und auch in anderen Teilen der Welt zoologische Gesellschaften und zoologische Gärten.

Das Motto der New York Zoological Society, die 1895 den berühmten Zoo in der Bronx gründete, lautet »Education – Research – Conservation«. Nehmen wir noch die Aufgabe bzw. den Zweck hinzu, den zoologische Gärten seit jeher erfüllt haben, nämlich Entspannung, Erholung und Freude bei der Begegnung mit Tieren zu bieten, so haben wir die vier Aufgaben und Ziele, denen sich heute die wissenschaftlich geleiteten Zoos der Welt verpflichtet fühlen.

Im Jahre 1992 fand in Rio de Janeiro der erste Umweltgipfel statt, dessen Resultate die Konvention über die biologische Vielfalt und die Agenda 21 sind. Auf der Grundlage dieser Dokumente haben die zoologischen Gärten bereits ein Jahr später eine »Welt-Zoo-Naturschutzstrategie« vorgelegt und damit ihre Zweckbestimmung und Ziele neu definiert.

Dabei bleibt es natürlich bei den vier traditionellen Aufgaben der Zoos, nämlich dem Menschen Erholung und Entspannung bei der Begegnung mit Tieren zu bieten, ihm dabei aber zugleich möglichst viele Informationen über die Tiere, ihre Lebensweise, ihre Herkunft und den Status in der Natur zu vermitteln, um das Bewußtsein und Engagement für Natur- und Umweltschutz zu fördern, wissenschaftliche Forschung zu betreiben und selbst aktiv zum Naturschutz beizutragen. Aber: Der Naturschutz, die Erhaltung der Biodiversität der Erde, muß in Zukunft das zentrale Anliegen der Zoos sein.

Dabei können die Zoos auf dreifache Weise zum Naturschutz beitragen:

1. Durch Zuchtprogramme für bedrohte Tierarten, um Tiere, wann immer es möglich und sinnvoll erscheint, für Wiederansiedlungen in der Natur zur Verfügung stellen zu können. Die Einführung koordinierter Zuchtprogramme wird gelegentlich sogar als die bedeutendste Umwälzung in den zoologischen Gärten seit der Gründung von Hagenbecks Tierpark bezeichnet. Diese zweite große Umwälzung findet aber sozusagen hinter den Kulissen statt und ist für den Zoobesucher nicht auf den ersten Blick wahrzunehmen.

2. Durch Förderung des öffentlichen Bewußtseins für Umwelt- und Naturschutzprobleme. Tiere im Zoo sind sozusagen Botschafter ihrer in der Natur bedrohten Artgenossen und der vielen anderen ebenso

Seite 168: Kronen-Kraniche
Seite 169: Chapman-Zebra

bedrohten Tier- und Pflanzenarten ihres geschundenen Lebensraumes. Kein anderes Medium kann die Menschen so eindrücklich auf den Zustand der Natur aufmerksam machen und sie zum Umdenken im Umgang mit der Natur bewegen.

3. Durch Forschung und Entwicklung von Methoden für das Management kleiner Populationen. Längst herrschen auch in der Natur für viele Arten, die in isolierten, weit voneinander getrennten Restpopulationen leben, zooähnliche Verhältnisse, und man kommt gar nicht umhin, in Zoos entwickelte Methoden im Wildlife-Management einzusetzen.

Die Zoos haben sich also von der Menagerie des 19. Jahrhunderts bis heute entwickelt und müssen sich weiterverändern in Richtung Naturschutzzentrum. Einer der bedeutendsten Zoos der Welt, der New Yorker Zoo in der Bronx, hat sich konsequent und wegweisend in »New York Conservation Park« umbenannt. Wichtiger als eine Namensänderung ist jedoch, daß jeder Zoo dem Geist der »Welt-Zoo-Naturschutzstrategie« folgt.

Die »Welt-Zoo-Naturschutzstrategie« hat in den fünf Jahren seit ihrer Veröffentlichung viel Beachtung sowohl innerhalb wie außerhalb der Zoowelt gefunden, und sie ist inzwischen in viele Sprachen übersetzt worden. Die Ziele sind also klar. Wie sieht aber die Wirklichkeit aus? Neben den wissenschaftlich geleiteten Zoos gibt es eine Vielzahl von Einrichtungen, die sich zwar alle »Zoo«, »Tierpark« oder »Tiergarten« nennen und dies auch dürfen, aber von modernem Zoo- und Tierbestandsmanagement und heutiger Zoophilosophie, wie sie in der »Welt-Zoo-Naturschutzstrategie« zum Ausdruck kommen, keine Ahnung haben.

Die Öffentlichkeit wirft aber bekanntlich gerne alles in einen Topf. Um sich also nicht ständig wegen schlechter Zoos verteidigen zu müssen und nicht zuletzt zum Wohl der unsachgemäß gehaltenen Tiere hat sich der Europäische Zooverband (EAZA) seit zehn Jahren um eine Richtlinie über Mindestnormen zur Haltung von Wildtieren in Zoos innerhalb der Europäischen Union bemüht. Entgegen allen Erfahrungen mit der Regelungswut der Brüsseler »Eurokratie« wurde die Richtlinie allerdings Opfer des Subsidiaritätsprinzips. Immerhin reichte es zu einer Empfehlung an die Mitgliedsstaaten, sich jeweils selbst um ihre Zoos zu kümmern. Die deutsche Bundesregierung ist dieser Empfehlung bereits mit Gutachten über Mindestnormen zur Haltung von Wildtieren gefolgt. Neuerdings drängt übrigens das Europäische Parlament erneut auf eine Richtlinie.

Unterscheiden sich die Zoos in den Ländern Europas schon beträchtlich in ihren Standards, so gilt dies erst recht für die Zoos weltweit. Wir müssen uns daher bemühen, das Niveau der zoologischen Gärten in

Kodiakbär

aller Welt zu heben, sowohl im Interesse der dort gehaltenen Tiere wie des Zoogedankens generell.

Um herauszufinden, wie die in der »Welt-Zoo-Naturschutzstrategie« gesteckten Ziele erreicht werden können, veranstaltete die Welt-Zoo-Organisation, der Dachverband der Zoos, im Jahre 1995 in Köln einen dreitägigen Strategic Planning Workshop. Die hierzu eingeladenen Teilnehmer repräsentierten die weltweite Zoogemeinschaft mit Vertretern 19 verschiedener Nationen von Mexiko bis China und von Dänemark bis Südafrika. Neben Verbandsfunktionären und Direktoren zoologischer Gärten waren verschiedene in den Zoos tätige Berufsgruppen vertreten – wie Kuratoren, Tierärzte und Zoopädagogen. Um möglichst alle Aspekte, und diese nicht nur aus dem Blickwinkel der Zoos selbst, zu berücksichtigen, kamen 20 Prozent der Teilnehmer nicht aus der Zoowelt, sondern aus anderen Bereichen wie Tierschutz, Naturschutz, Forschung und Medien. Das Ergebnis ihres Brainstormings war ein Dokument mit dem Titel »ZOO FUTURE 2005«, in dem beschrieben wird, was nach Auffassung der Teilnehmer zur Erreichung der in der »Welt-Zoo-Naturschutzstrategie« festgelegten Ziele während der kommenden zehn Jahre getan werden muß:

1. Optimierung der Haltungsbedingungen von Tieren im Zoo

Es sollte eine Selbstverständlichkeit sein, daß die im Zoo gehaltenen

Sibirischer Tiger

Tiere nach dem neuesten Kenntnisstand über ihre Lebensweisen und -bedürfnisse gehalten werden. Dies gilt für Unterbringung, Ernährung, Gesunderhaltung, nicht nur in physischer, sondern auch ethologischer Hinsicht. Viele Zooverbände haben bereits einen ethischen Kodex für den Umgang mit Tieren und eine Selbstkontrolle zur Einhaltung dieses Kodex entwickelt, der Minimalstandards der Haltungsbedingungen enthält, aber auch Prinzipien für die Anschaffung und Weitergabe von Tieren. Auch die Regulation der Tierbestände wird behandelt, einschließlich Kontrazeption und Euthanasie. Die Welt-Zoo-Organisation ist dabei, eine global gültige Charta ethischer Prinzipien zu formulieren – ein angesichts der zahlreichen verschiedenartigen Kulturen sehr schwieriges Unterfangen.

2. Verstärkte Integration der Beiträge zum Natur- und Artenschutz in Feldprogramme

Bereits im Jahre 1985 wurden die Europäischen Erhaltungszuchtprogramme (EEP) ins Leben gerufen. Inzwischen gibt es 123 EEPs und 51 Europäische Zuchtbücher, an denen ca. 400 zoologische Einrichtungen in ganz Europa beteiligt sind. Derartige kooperative Zuchtprogramme sind aber auch in anderen Regionen der Welt entstanden. Dadurch sind die Zoos weitgehend unabhängig von der Zufuhr von

Mantelpaviane

Wildfängen aus der Natur geworden. Inzwischen gibt es eine Reihe von Tierarten, deren Bestände in den Zoos größer sind als in der Natur (z. B. Sibirischer Tiger, Balistar), und sogar solche, die in der Natur gar nicht mehr, sondern nur noch in zoologischen Gärten existieren (z. B. Przewalskipferd, Socorrotaube). Die Tierbestände der Zoos sind dadurch zu Reservepopulationen für die Natur geworden, und sie stellen, wann immer es sinnvoll und möglich erscheint, Tiere für Wiederansiedlungen zur Verfügung. Beispiele hierfür sind der europäische Wisent, die arabische Oryxantilope und das brasilianische Löwenäffchen.

Manche Kritiker befürchten, daß Projekte der Wiederansiedlung vom eigentlichen Anliegen des Naturschutzes, nämlich den Bemühungen um den Erhalt der Lebensräume, ablenken. In Einzelfällen gibt es aber keine Alternative hierzu. Ein intakter Lebensraum ist selbstverständlich die Voraussetzung für jedes Wiederansiedlungsprojekt. Einzelne spektakuläre Arten, die im Mittelpunkt des Interesses stehen, dienen häufig nur als Flaggschiffe des Naturschutzes. So geht es z. B. beim Löwenäffchenprojekt nur vordergründig um dieses attraktive Krallenäffchen, in Wirklichkeit aber um den Erhalt des brasilianischen Küstenregenwaldes. Neben zahlreichen Biotopschutz-Maßnahmen ist

Walroß

die Wiederansiedlung der Löwenäffchen nur Teil eines umfangreichen und langfristig angelegten Naturschutzprojektes. Das Löwenäffchen aber ist der Sympathieträger, ohne den das Projekt niemals so erfolgreich, vielleicht nicht einmal zustande gekommen wäre.

Wo immer Freilandprojekte zu den gehaltenen Tieren existieren – und zwar keineswegs nur Wiederansiedlungsprojekte –, sollten die Zoos diese einzeln oder im Verbund unterstützen. Vorbildlich hierin ist der Jersey Wildlife Preservation Trust. Mit jeder dort gehaltenen Tierart verbindet sich ein Feldprojekt. Diesem Beispiel folgen inzwischen viele Zoos. Sie machen ihre Naturschutzarbeit transparent und sammeln Spenden hierfür bei ihren Besuchern.

3. Förderung der öffentlichen Akzeptanz der Zoos und ihrer Aufgaben

Die Bedeutung zoologischer Gärten sowohl für die menschliche Gesellschaft wie für die Erhaltung der Biodiversität ist in der Öffentlichkeit nicht oder zuwenig bekannt und anerkannt. Von den Medien wird in der Regel ein Klischee des Zoos der fünfziger, sechziger Jahre gepflegt. Über all das, was sich während der letzten Jahre auf dem Gebiet zooübergreifender Tierbestandspflege und der Naturschutzarbeit entwickelt hat, wird nur ausnahmsweise berichtet.

Das Tier im Zoo ist Stellvertreter der bedrohten Tierwelt. Es will die Menschen auf den Zustand der Natur aufmerksam machen, sie aufrütteln und zu einem Umdenken im Umgang mit der Natur aufrufen. Natürlich können Tiere nicht sprechen. Daher ist es Aufgabe der Zoos, und zwar der Zoopädagogik, den Menschen die Botschaft der Tiere zu vermitteln. Die Zoos sind daher aufgerufen, ihre zoopädagogischen Bemühungen zu verstärken und hierbei alle heute zur Verfügung stehenden Kommunikationsmittel einzusetzen.

4. Engere Zusammenarbeit der Zoos der Welt

Um die in der »Welt-Zoo-Naturschutzstrategie« definierten Ziele zu erreichen, müssen die Zoos ihre Zusammenarbeit und die hierfür notwendige Infrastruktur verbessern. Um den tiergärtnerischen Standard in allen Zoos der Welt anzuheben, muß der Transfer von Know-how und Technologie verbessert werden. Letztlich hängt die Zukunft der Zoos aber von der Arbeit ab, die in jedem einzelnen Zoo geleistet wird. Noch so schöne Zukunftspläne nutzen nichts, wenn sie nicht an der Basis, das heißt in jedem einzelnen Zoo, umgesetzt werden.

Die Arche Noah des Alten Testaments ist einst sicher auf dem Berg Ararat gelandet. Wann und wo die Arche Zoo landen wird und wie viele Tierarten dann an Bord sein werden, wissen wir nicht. Wichtiger als die absolute Zahl der Arten, zu deren Rettung die Zoos direkt beitragen, ist aber wohl ihre Flaggschiff-Funktion.

Keine andere Einrichtung, kein anderes Medium kann so viele Menschen auf so eindrückliche Weise vom Zustand der Natur überzeugen und sie für Natur- und Umweltschutz gewinnen. Zoologische Gärten sind deshalb in zweifacher Hinsicht Zentren des Naturschutzes. Wenn es sie noch nicht gäbe, müßte man sie heute erfinden.

Nach dem biblischen Mythos fand auf der Arche Noah ein Paar jeder Tierart Zuflucht vor der Sintflut – und damit eine Überlebenschance.

Die Hagenbeck-Chronik

Werbeanzeige aus den 70er Jahren des 19. Jahrhunderts.

Eine Hagenbecksche Tierkarawane in Afrika 1876.

Diedrich, der Bruder Carl Hagenbecks, starb im Jahr 1873 beim Tierfang.

1848 Finkenwerder Fischer bringen dem Fischhändler Gottfried Claes Carl Hagenbeck (geb. 13. März 1810), der ein Fischgeschäft in der Großen Petersenstraße (heute Lincolnstraße) auf St. Pauli besitzt, sechs Seehunde. Hagenbeck stellt diese am 8. März auf dem nahen Spielbudenplatz aus. In den folgenden Jahren zeigt er auf dem Hamburger Dom alljährlich eine zoologische »Attraktion«.

1852 Kapitän L. Main vom Walfänger »Der junge Gustav« verkauft Gottfried Claes Carl Hagenbeck den ersten lebenden Eisbären. Er wird am Spielbudenplatz ausgestellt.

1857 Gottfried Claes Carl Hagenbeck erwirbt von dem Afrikaforscher Dr. Natterer Raubtiere, Antilopen und Affen.

1859 Carl Hagenbeck (geb. 10. Juni 1844, gest. 14. April 1913), Sohn von Gottfried Claes, widmet sich bereits 15jährig mit seinen Geschwistern dem Tierhandel.

1862 Anzeige von »C. Hagenbecks Handlungs-Menagerie« in der Zeitung »Reform«.

1863 Übernahme des Hauses Spielbudenplatz 19 von der Menagerie Guy durch Gottfried Claes Carl Hagenbeck. Der Maler Heinrich Leutemann zeichnet und beschreibt die Menagerie für die Zeitschrift »Daheim«.

1864 Carl Hagenbeck transportiert den ersten Ameisenbären von Southampton nach Hamburg. Dr. Alfred Brehm erwirbt ihn für den Hamburger Zoo.

1865 Das Tierhandelsgeschäft blüht auf; Carl Hagenbeck kauft und verkauft vollständige Menagerien.

1866 Am 1. Januar übernimmt Carl Hagenbeck die Tierhandlung seines Vaters Gottfried Claes; dieser betreibt weiter seine Fischhandlung. Der Italiener Lorenzo Casanova bringt einen großen afrikanischen Tiertransport.

1870 Am 23. Juni stirbt Hagenbecks Tierfänger Casanova in Kairo. Am 8. Juli trifft der größte Bahntransport afrikanischer Tiere, der je zuvor Hamburg erreichte, unter Leitung des italienischen Tierfängers Migoletti am Sternschanzenbahnhof ein.

1872 Der amerikanische Zirkusbesitzer Phineas T. Barnum besucht Carl Hagenbeck und kauft Tiere im Wert von 15.000 Dollar.

1873 Carl Hagenbecks Bruder Diedrich (geb. 8. April 1852) stirbt am 9. September an Schwarzwasserfieber beim Flußpferdfang auf Sansibar.

1874 Umzug zum Neuen Pferdemarkt 13 und Eröffnung von »Carl Hagenbecks Thierpark«. Im Geschäft am Spielbudenplatz betreibt Carl Hagenbecks Schwester Christiane (geb. 20. Mai 1846, gest. 21. September 1905) eine Handlung für exotische Vögel weiter. 35 Giraffen treffen aus Afrika ein. Eine Lappländerfamilie begleitet den ersten Rentiertransport nach Hamburg; damit beginnen die Völkerschauen. Großer Publikumserfolg in Hamburg, Berlin und Leipzig.

1876 Der Reisende Bernhard Kohn bringt die erste Nubierkarawane. Joseph Menges, der mit der Gordon-Pascha-Expedition bis zum Weißen Nil vordrang, tritt in Hagenbecks Dienste.

1877 Die zweite Nubierkarawane erzielt Rekordbesuche in Paris und London.

1878 Der norwegische Kapitän Adrian Jacobsen bringt mit der Brigg »Walfisken« die ersten Eskimos aus Grönland nach Deutschland. Kaiser Wilhelm I. läßt sie sich in Berlin vorstellen. Joseph Menges bringt die dritte Nubier-Völkerschau nach Berlin, Jacobsen holt die zweite Lappen-Völkerschau.

1879 Patagonier-Völkerschau.

1880 Joseph Menges wird beim Ausbruch des Mahdistenaufstandes vom Sudan nach Ceylon beordert, um den indischen Tierfang zu erschließen. Kapitän Jacobsen fährt mit dem Hagenbeckschen Segler »Eisbär« von Hamburg nach Labrador, um von dort Eskimos zu holen. Die Hagenbeck-Station in Kassala wird von den Mahdisten ausgeraubt, Bernhard Kohn ermordet.

1883 Die erste Kalmücken-Reiterschau und eine Ceylon-Schau erzielen am 27. Juli in Berlin 100.000 Besucher und begeben sich anschließend auf Deutschland-Tournee. Die Völkerschau endet 1884 in Wien.

1886 Die dritte Ceylon-Schau reist mit 70 Mitwirkenden sowie Raubtieren und 25 Elefanten in die Schweiz, nach England und Frankreich, wo im Jardin d'Acclimation in zweieinhalb Monaten eine Million Besucher gezählt werden.

1887 Heinrich Leutemann veröffentlicht die »Lebensbeschreibung des Thierhändlers Carl Hagenbeck«. Am 2. April eröffnet »Carl Hagen-

Carl Hagenbeck heiratete Amanda Mehrmann im Jahr 1874.

Carl Hagenbeck in seinem Büro.

Dressur am Neuen Pferdemarkt.

Carl Hagenbeck, John Millen, Heinrich und Lorenz Hagenbeck (von links) auf der Straußenfarm um 1909.

Die Wildpferdfang-Expedition in der Mongolei 1901.

Elefantenpanik 1888 in München.

Carl Hagenbeck im Nordmeer-Panorama.

Hugo-Haase-Vergnügungspark beim Tierpark in Stellingen 1914.

becks Internationaler Circus und Singhalesen Karawane« auf dem Heiligengeistfeld in Hamburg. Am 3. Oktober stirbt Gottfried Claes Carl Hagenbeck.

1888 Am 31. Juli Elefantenpanik bei einem Festumzug in München. Einer der acht scheu gewordenen Elefanten flüchtet in das Hofbräuhaus. Ankauf eines Grundstücks in Hamburg-Horn.

1890 Der Dompteur Eduard W. H. Deyerling erprobt die von Carl Hagenbeck eingeführte »zahme Dressur«.

1892 Sensationeller Erfolg mit Deyerlings Löwen-Dreigespann im neuartigen Rundkäfig im Pariser Nouveau Cirque.

1893 Teilnahme an der Weltausstellung in Chicago mit »Hagenbecks Zoologischer Arena«.

1894 Der Sohn Carl Hagenbecks, Heinrich (geb. 5. Juli 1875, gest. 4. Februar 1945), tritt in die Geschäftsführung des Unternehmens ein.

1895 Der Reisende Breitwieser bringt arktische Tiere zur Gewerbe-Ausstellung in Nischni Nowgorod. Mit Häuptling Hersi Egeh Gorseh wird im Crystal Palace in London eine Somali-Völkerschau veranstaltet.

1896 Carl Hagenbeck erhält vom Kaiserlichen Patentamt Berlin das Patent Nr. 91492 für Panoramabauten (Freisichtanlagen). Das »Nordland-Panorama« mit arktischen Tieren gastiert auf der Berliner Gewerbe-Ausstellung, geht auf Tournee und steht 1898 in Paris als »La vie au pole nord«.

Carl Hagenbeck um 1911.

1897 Bau von Ställen am Eppendorfer Weg. Kauf des Grundstücks im preußischen Stellingen, Bau erster Ställe und Gehege.

1901 Der Sultan von Marokko kauft für seinen privaten Tierpark in Marrakesch Tiere bei Hagenbeck. Im Oktober kehren die Hagenbeck-Tierfänger Grieger und Wache aus der Mongolei mit 28 Przewalski-Wildpferdfohlen nach Hamburg zurück. Der Sohn Carl Hagenbecks, Lorenz (geb. 2. April 1882, gest. 26. Februar 1956), tritt in die Geschäftsführung des Unternehmens ein.

1902 Beginn der Bauarbeiten für den Tierpark in Stellingen, Bau des Zentralgebäudes durch den Architekten Johannes Wald.

1903 Umzug der Firma Hagenbeck vom Neuen Pferdemarkt nach Stellingen. Verkauf des Grundstücks am Neuen Pferdemarkt.

1904 Teilnahme an der Weltausstellung in St. Louis mit der »Carl Hagenbeck's Trained Animal Show«, die anschließend mit amerikanischen Partnern durch die USA reist.

1905 Bau des Gebirges, des Giraffenhauses und der Antilopenhäuser in Stellingen.

1906 2000 Dromedare werden von Häfen am Roten Meer für die deutschen Kolonialtruppen nach Südwestafrika verschifft. Fertigstellung der Löwenschlucht in Stellingen.

1907 Am 7. Mai festliche Eröffnung von »Hagenbecks Tierpark« in Stellingen. Somali-Völkerschau unter Häuptling Hersi Egeh Gorseh. Grevyzebras werden aus Äthiopien importiert.

1908 Erster Tierparkbesuch Kaiser Wilhelms II. am 20. Juni. Carl Hagenbeck veröffentlicht seine Erinnerungen unter dem Titel »Von Tieren und Menschen«.

1909 Öffnung des östlichen Teils des Tierparks, der u. a. für die Völkerschauen vorgesehen ist. Fertigstellung der Urweltlandschaft durch den Düsseldorfer Bildhauer Josef Pallenberg. Kaiserin Auguste Victoria eröffnet in Stellingen am 21. Juni Deutschlands erste Straußenfarm. Der Tierfänger Christoph Schulz bringt aus Deutsch-Ostafrika erstmals Spitzmaul-Nashörner.

1910 Die Sioux- und Cowboy-Show wird Hagenbecks erfolgreichste Völkerschau. Das Süßwasseraquarium und das Vivarium werden eröffnet. Christian Pallenberg bringt die ersten drei See-Elefanten sowie Königs- und Eselspinguine nach Europa. Auf der Eisenbahn-Ausstellung in Buenos Aires zeigt Hagenbeck seine Dressurshows und vertritt dort auf der gleichzeitigen Landwirtschafts-Ausstellung deutsche Viehzuchtvereine.

1911 Das Südpolar-Panorama, das Insektenhaus, das Hirschgehege, die Biber- und die Biberrattenanlage sowie die Fasanerie werden fertiggestellt. Thomas Alva Edison besichtigt den Tierpark in Stellingen. Lovis Corinth porträtiert Carl Hagenbeck mit dem Walroß »Pallas«. Eröffnung des Zoos in Rom, an dessen Planung Carl Hagenbeck und sein Sohn Heinrich seit 1909 mitarbeiteten. Gründung der Hagenbeckschen Akklimatisierungsstation auf der Adria-Insel Brioni, die bis 1922 besteht.

1912 Die Raubvogelvoliere wird fertiggestellt. Aus Liberia werden erstmals Zwergflußpferde importiert. Der dänische König Friedrich VIII. und – zum vierten Mal – Kaiser Wilhelm II. besuchen

Heinrich, Carl und Lorenz Hagenbeck setzen sich zum Spaß gemeinsam auf ein Kamel, 1906.

Little Wolf nahm an der Indianer-Show 1910 teil.

Eröffnung des Zoos in Rom 1911.

Im Jahr 1925 bringt der Tierfänger Eßler See-Elefanten und Pinguine nach Hamburg.

den Tierpark. Völkerschau »Am Nil« mit Beduinen und Arabern. Einrichtung eines Kinos in der Dressurhalle nahe der Völkerschau-Arena.

1913 Anläßlich der Birma-Völkerschau wird die Birmainsel gebaut. Nördlich der Japaninsel wird die Affenschlucht fertiggestellt. Carl Hagenbeck stirbt am 14. April; seine Söhne Heinrich und Lorenz führen den Tierpark weiter. Jean Gilbert (bürgerlich Max Winterfeld) komponiert das Lied »Geh'n wir mal nach Hagenbeck«. Vorführung des Films von Paul Raynes über die britische Ostafrika-Expedition im Tierpark-Kino. In der Londoner Olympia Hall gastiert »Carl Hagenbeck's Wonder-Zoo and Big Circus«.

1914 Beim Tierpark in Stellingen wird der Hugo-Haase-Vergnügungspark eröffnet.

1916 Lorenz Hagenbeck kauft den Zirkus Straßburger, stattet ihn mit Stellinger Raubtiergruppen aus und eröffnet am 3. März in Christiania (Oslo) den neuen »Circus Carl Hagenbeck«.

1917 Beduinen- und Sudanesen-Völkerschau in Stellingen.

1918 Die Großkatzen im Tierpark sterben an verdorbenem Fleisch.

1919 Seit Februar besitzt der »Circus Carl Hagenbeck« einen festen Bau in Essen. Fritz Lang dreht im Tierpark den Spielfilm »Harakiri«.

1920 Schließung des Tierparks in Stellingen am 3. Oktober. John Ringling in den USA kauft die meisten Tiere. Die Gemeinde Stellingen gibt Notgeldscheine mit Hagenbeck-Motiven heraus.

1922 Der Tierfänger Johannsen bringt dreizehn Elefanten, 300 Affen und Raubtiere aus Indien. Der Tierpark wird zu Pfingsten für zwei Tage geöffnet und von 22.000 Menschen besucht.

1924 Wiedereröffnung des Tierparks am 24. Mai. Beduinen-Völkerschau. Bau eines großen Affenfelsens.

1925 Der Tierfänger Eßler bringt einen See-Elefanten und Königspinguine aus der Antarktis.

1926 Das von dem Künstler Rudolf Marcuse geschaffene Denkmal Carl Hagenbecks wird im Tierpark enthüllt. Ceylon- und Lappen-Völkerschau. Bis 1929 wird die Monatszeitschrift »Carl Hagenbeck's illustrierte Tier- und Menschenwelt« herausgegeben.

Lorenz Hagenbeck mit seinen Söhnen (v. l.) Carl-Lorenz, Erich und Herbert um 1917.

1927 Heinrich Hagenbeck läßt neue Freianlagen für Antilopen, Stelzvögel, Flußpferde, See-Elefanten, Walrosse und Pinguine bauen. Somali-Völkerschau. Der »Circus Carl Hagenbeck« gastiert bis 1928 in Brasilien und Argentinien.

1928 Das Zebrahaus wird erbaut. Tscherkessen-Völkerschau. Heinrich Hagenbeck wird bis 1929 an der Neugestaltung der Zoos in San Antonio/Texas, Seattle und Detroit beteiligt.

1929 Erstmals wird ein Kodiakbär nach Europa gebracht und seit 1930 im Tierpark gezeigt. König Fuad von Ägypten besichtigt den Tierpark.

1930 Carl-Heinrich Hagenbeck (geb. 2. April 1911, gest. 1. Juni 1977), der Sohn von Heinrich, tritt in die Firma ein. Carl-Lorenz (Carlo) Hagenbeck (geb. 30. August 1908, gest. 26. November 1948), der Sohn von Lorenz, bringt das Panzernashorn »Nepali I« aus Nepal nach Stellingen. Malabaren-Völkerschau. Sonderschau »Tierfang« der Firma Hagenbeck auf der Grünen Woche in Berlin.

Heinrich Hagenbeck mit Somalis 1927.

1931 Letzte Völkerschau aus Neu-Kaledonien. Die Hagenbecks bauen einen Tierpark für die Kolonial-Ausstellung in Paris-Vincennes (10. Mai–11. November) und werden mit der Planung des Zoos in Prag beauftragt.

1932 Gründung der »Gesellschaft der Freunde des Hagenbeckschen Tierparks«.

1933 Der Hapag-Dampfer »Saarland« bringt den »Circus Carl Hagenbeck« nach Japan und in weitere Länder in Ostasien, Indien, Ägypten und Spanien. Rückkehr im Dezember 1934.

1935 Bau zoologischer Anlagen durch die Hagenbecks für die Weltausstellung in Brüssel.

1936 Beginn des Tierparkausbaus nach Osten. Die den Park teilende Kaiser-Friedrich-Straße wird beseitigt. Im neuen Teil »Asien« werden ein Elefantenhaus mit Freianlagen und eine Anlage für Nashörner geplant. Der Zirkus reist mit wenig Erfolg durch Uruguay und Argentinien.

1937 Eröffnung der neuen Elefanten-Freianlage. Import des ersten Seeleoparden. Das preußische Stellingen kommt durch das »Groß-Hamburg-Gesetz« zu Hamburg.

1938 Bau des Bärenplateaus am Haupteingang, der Affenstadt, der Anlagen für asiatische Tiere, der Tribüne, des Kinderspielplatzes und des Bauernhauses.

1940 Gastspiel des Zirkus in der Berliner Deutschlandhalle mit dem Programm »Menschen, Tiere, Sensationen«.

1943 Durch Bombenangriffe werden am 25. Juli 70 bis 80 Prozent des Tierparks zerstört, neun Mitarbeiter und zahlreiche Tiere getötet.

1944 Am 4. November vernichten Brandbomben Hagenbecks Wiener Zirkusgebäude.

1945 Am 4. Februar stirbt Heinrich Hagenbeck. Der Tierpark bleibt nur während der Ausgangssperre am 3. und 4. Mai geschlossen.

1947 Zwangsversteigerung der in Schweden enteigneten Hagenbeckschen Dressurgruppen und des Zirkusmaterials. Wiederaufbauarbeiten im Tierpark und Anlage des Bisongeheges.

1948 Am 4. Mai Jubiläumsveranstaltung und Eröffnung der Ausstellung »100 Jahre Hagenbeck«. Ausgabe einer Jubiläumsmedaille.

Die Teilnehmer der Somali-Völkerschau kauften Nähmaschinen für ihre Heimat.

Medaille zum Jubiläum der Firma Hagenbeck im Jahr 1948.

Restaurierung der Saurier-Plastiken. Im Hagenbeck-Zeltbau auf der Moorweide werden Operetten und Revuen aufgeführt. Carl-Lorenz (Carlo), der Sohn von Lorenz Hagenbeck, stirbt am 26. November.

1949 Teilaufbau des ehemaligen Hauptgebäudes. Arnulf Johannes reist als erster deutscher Tierfänger wieder für Hagenbeck nach Westafrika. Der »Circus Carl Hagenbeck« geht wieder auf Tournee.

1950 Der »Circus Carl Hagenbeck« gastiert in der Schweiz.

1951 Carl-Heinrich, der Sohn von Heinrich Hagenbeck, konzipiert die ersten Freianlagen für Giraffen und Antilopen. Im Tierpark wird der Spielfilm »Gift im Zoo« gedreht.

1953 Carl-Heinrich Hagenbeck konzipiert die erste Freianlage für Sibirische Tiger. Neubau des Antilopenhauses durch den Architekten Fritz Kieb. Der »Circus Carl Hagenbeck« gastiert in Belgien und wird nach Saisonschluß aufgelöst. Im Tierpark wird der Spielfilm »Ein kleines Teehaus« gedreht.

1954 Carl-Heinrich Hagenbeck und Arnulf Johannes starten am 21. August in Persien die erste Expedition zum Fang von Onagern (Wildesel).

1955 Bau des Onagergeheges und -hauses. Dietrich Hagenbeck (geb. 24. Dezember 1933, gest. 23. Oktober 1982), Sohn von Carl-Lorenz, bringt von den Guadeloupe-Inseln zwei See-Elefanten nach Hamburg.

1956 Lorenz Hagenbeck stirbt am 26. Februar. Carl-Heinrich Hagenbeck und der Architekt Fritz Kieb planen den Bau des Zoos in Neu-Delhi.

1957 Neue Anlagen für asiatische Leoparden und Vielfraße. Aus Indien trifft das Panzernashorn »Nepali II« ein.

1958 Umbau eines Teils des »Bauernhauses« zu einem Ponystall; in dem anderen Teil wird das Troparium geplant. Das neue Menschenaffenhaus beherbergt Gorillas, Orang-Utans, Schimpansen und Gibbons.

1960 Am 9. März Eröffnung des Tropariums durch Bürgermeister Max Brauer.

1961 Bau eines gläsernen Schaubeckens für Riesenotter.

Lorenz Hagenbeck.

Dietrich und Carl-Heinrich Hagenbeck 1973.

1963 Des 50. Todestags von Carl Hagenbeck wird durch Ausstellungen und Veröffentlichungen gedacht. Neubau des Parkeingangs Gazellenkamp mit Pförtner- und Kassenraum.

1964 Geburt des ersten Panzernashorns in Deutschland, »Gauhati«. Aufzucht des ersten im Tierpark geborenen Orang-Utans.

1966 Am 30. Oktober Eröffnung der U-Bahn-Linie bis zur Station »Hagenbecks Tierpark«.

1967 Geburt des zweiten Panzernashorns »Shita«.

1968 Erwerb des Panzernashornbullen »Pandur«.

1969 Bau des neuen Onagerhauses.

1971 Eröffnung des Delphinariums am 12. März. Planung durch die Architekten Peter Neve, Wolfgang Nietz, Peter Sigl und Peter Wagner.

Familie Hagenbeck 1973: Karin und Dietrich Hagenbeck mit ihren Töchtern (v. l.) Caroline, Ulrike, Kristine und Dorothea; Carl-Heinrich und Heike Hagenbeck mit ihrem Sohn Claus und dessen Frau Rosita.

1976 Bau des Wapiti-Schutzhauses.

1977 Carl-Heinrich Hagenbeck stirbt am 1. Juni. Sein Nachfolger wird sein Sohn Carl Claus Hagenbeck (geb. 1. November 1941).

1978 Das Pavian- und Otternhaus wird erweitert.

1979 Großes »Indisches Elefantenfest«.

1980 Erweiterung des Tigerhauses und Wiederaufbau des Yakstalles.

1981 Der Mörderwal »Orca« wird von einer amerikanischen Firma geleast.

1982 75. Tierpark-Jubiläum. Am »Indischen Elefantenfest« nehmen sechs marokkanische Reiter mit ihren Renndromedaren teil. Dietrich Hagenbeck stirbt am 23. Oktober; seine Tochter Caroline (geb. 23. Februar 1959) tritt als Mitinhaberin in das Unternehmen ein.

1984 Beginn der Sanierung und des Umbaus des Vogelhauses (1985 beendet). Erstmals im Mai »Dschungelnächte« im Tierpark.

1985 Die Weitergabe des Wals »Orca« nach Japan verursacht öffentliche Proteste.

1986 Beendigung der Felssanierung am Eismeer-Panorama.

1987 Aus Indien trifft der Elefantenbulle »Hussein« ein. Am 7. Mai Enthüllung einer Gedenktafel am Geburtshaus Carl Hagenbecks in der Lincolnstraße 33 (ehemals Große Petersenstraße). Im Tierpark wird eine Folge der ARD-Kriminalfilmreihe »Tatort« gedreht.

1988 Anstelle seiner Frau Caroline Hagenbeck tritt Joachim Friedrich Weinlig-Hagenbeck (geb. 15. Februar 1956) in die Geschäftsführung des Unternehmens ein. Abschluß der Felsrestaurierung am großen Panorama.

1989 Die Birma-Tempelruine wird renoviert. Die ersten Folgen der ZDF-Fernsehserie »Unsere Hagenbecks« werden gedreht; weitere folgen 1992 und 1994.

1990 Fertigstellung des 6.000-Liter-Panorama-Aquariums im Tropa-rium. Erstzucht von Riesenottern.

1991 Fertigstellung des Elefantenbullenhauses.

1992 Erste Erfolge bei der Zucht Indischer Elefanten: Zwei Elefantenbabys werden geboren. Bis 1993 Ausstellung im Tierpark »Dinamation: Die Dinosaurier sind zurück«.

1993 Verkauf der Nashörner nach Singapur. Am 5. Juni Blockade des Haupttores durch Tierparkgegner. Ausstellung »Die Wale«.

1994 Erweiterung des Elefantengeheges um ein Mutter-Kind-Gehege. 1-DM-Sondermarke der Deutschen Bundespost zum 150. Geburtstag Carl Hagenbecks.

1995 Ausstellung im Tierpark »Elefant und Mensch«.

1996 Abriß des Delphinariums. Anlage eines neuen Kinderspielplatzes.

1997 Mit 14 Tieren besitzt der Tierpark die größte Elefantenherde Europas. Am 10. Februar Eintragung des Tierparks in die Hamburger Denkmalliste.

1998 Am 15. Mai Gründung der Stiftung Tierpark Hagenbeck. Am 10. Juni wird zum 150jährigen Jubiläum im Museum für Hamburgische Geschichte die Ausstellung »Tiere, Menschen, Illusionen. 150 Jahre Hagenbeck« eröffnet.

Claus Hagenbeck und Tochter Julia.

Caroline und Joachim Friedrich Weinlig-Hagenbeck.

Sondermarke für Carl Hagenbeck 1994.

Pläne des Tierparks in Stellingen von 1916 und 1929.

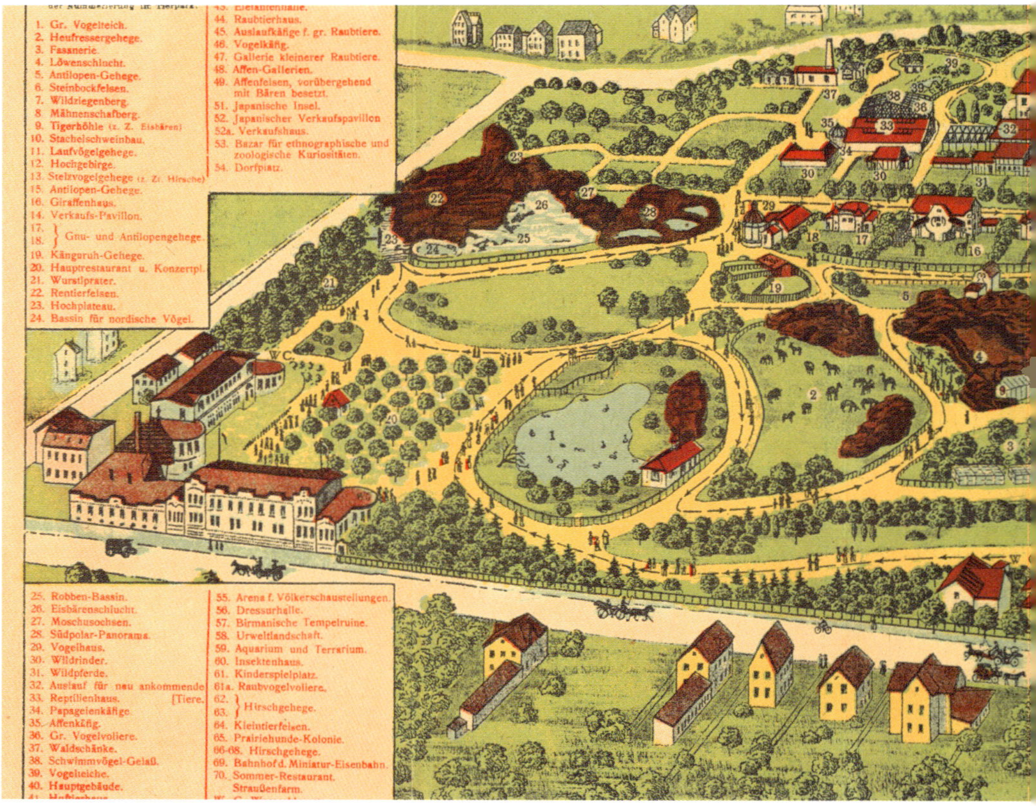

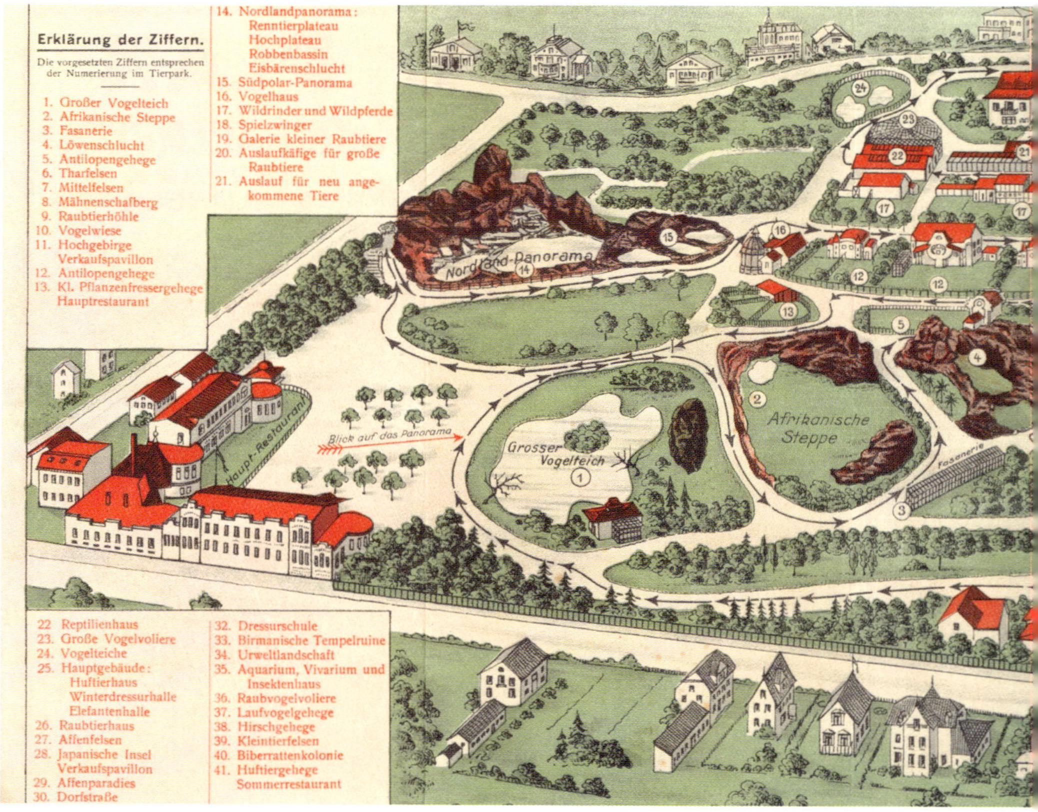

Sonder-Ausstellung Straußenfarm
nach Hugo Haase's
Vergnügungspark

Huftier-
Gehege
Japanische
Insel
Vogelwiese
DORF-
STRASSE
ARENA
Dressurhalle
Urwelt-
Landschaft
DORF-PLATZ
Haltestelle der Strassenbahn
Tierfreunde, Freunde von Reisen, Jagden und Abenteuern
lesen „CARL HAGENBECK'S illustrierte Tier- und Menschenwelt“
Die Zeitschrift erscheint monatlich zum Heftpreis von 50 Pfennig und RM 6.– im Jahresbezug. – Den Bezug vermitteln alle Post-
anstalten laut Postzeitungsliste, sowie alle Buch- und Zeitschriftenhandlungen und

Wie es begann: eine Menagerie am Spielbudenplatz 1848–1874

1 Hagenbeck, John: Fünfundzwanzig Jahre Ceylon, Dresden 1922, S. 2/3.
2 Hagenbeck, Carl: Von Tieren und Menschen, Berlin 1909, S. 31.
3 ebda., S. 21.
4 Carl Hagenbecks Tierpark. Chronik, Hamburg o. J., S. 1.
5 Hagenbeck, Carl, a.a.O., S. 42.
6 ebda.
7 ebda.
8 ebda., S. 46.
9 ebda., S. 52.
10 ebda., S. 56.
11 ebda., S. 59.

Der alte Hamburger Zoo

1 Brehm, Alfred Edmund: Unsere Bären. In: Der Thiergarten, 1 (1864), S. 4–7 u. 29–32, hier S. 4.
2 Bolau, Heinrich: Das neue Dickhäuterhaus im Zoologischen Garten zu Hamburg. In: Der Zoologische Garten 22 (1881) 10, S. 289–297; hier S. 290.
3 Martin, Philipp Leopold: Praxis der Naturgeschichte. Dritter Teil. Erste Hälfte. Naturstudien, Weimar 1878, S. 65.
4 vgl. Schlawe, Lothar: Aus der Geschichte des Hamburger Tiergartens. In: Der Zoologische Garten. N.F. 41 (1972) 3/4, S. 168–186. – Reichenbach, Herman: A Tale of Two Zoos. The Hamburg Zoological Garden and Carl Hagenbeck's Tierpark. In: Hoage, R.J./Deiss, W.A. (Ed.): New Worlds, New Animals. From Menagerie to Zoological Park in the Nineteenth Century, Baltimore/London 1996, S. 51–62.
5 Haller, Martin: Betrachtungen über die Zukunft des Zoologischen Gartens, des Botanischen Gartens und der ehemaligen Begräbnisplätze vor dem Dammthor, Hamburg 1909.
6 vgl. Schlawe/Reichenbach, a.a.O. (Anm. 5).

Ferne Welten ganz nah: ein Tierpark am Neuen Pferdemarkt 1874–1907

1 Hagenbeck, Carl: Von Tieren und Menschen, Berlin 1909, S. 76.
2 ebda., S. 90.
3 ebda.
4 ebda., S. 81.
5 ebda., S. 83.
6 Thode-Arora, Hilke: Für fünfzig Pfennig um die Welt – Die Hagenbeckschen Völkerschauen, Frankfurt/New York 1989, S. 19.
7 Hagenbeck, Carl, a.a.O., S. 83.
8 Thode-Arora, Hilke, a.a.O., S. 36.
9 ebda., S. 35.
10 Hagenbeck, Carl, a.a.O., S. 90.
11 ebda., S. 93/94.
12 ebda., S. 80.
13 Thode-Arora, Hilke, a.a.O., S. 60.
14 ebda., S. 41.
15 zitiert nach: Thode-Arora, Hilke, a.a.O., S. 42.
16 Hagenbeck, John: Fünfundzwanzig Jahre Ceylon, Dresden 1922, S. 10.
17 Thode-Arora, Hilke, a.a.O., S. 109.
18 Hagenbeck, Carl, a.a.O., S. 98/99.
19 Sokolowsky, Alexander: Carl Hagenbeck und sein Werk, Leipzig 1928, S. 36/37.
20 ebda., S. 37.
21 Hagenbeck, Carl, a.a.O., S. 131.

Die Zirkusse der Hagenbecks

1 Hagenbeck, Carl: Von Tieren und Menschen, Geschenkausgabe, Berlin-Charlottenburg o. J., S. 108.
2 ebda., S. 110.
3 ebda., S. 121.
4 Malhotra, Ruth: Manege frei – Artisten- und Circusplakate von Adolph Friedländer, Dortmund 1979, S. 46.
5 Durant, John a. Alice: Pictorial History of the American Circus, New York 1957, S. 315.
6 Barell, Bobby: Circus von A–Z, Manus. o. J., S. 184.
7 Günther, Ernst/Winkler, Dietmar: Zirkusgeschichte, Berlin 1986, S. 133.
8 Janeck, Willi: Die großen Drei. Heft 2 der Schriftenreihe der Internationalen Gesellschaft der Circushistoriker, Preetz 1959, S. 13.
9 Hagenbeck, Lorenz: Den Tieren gehört mein Herz, Hamburg 1955, S. 242.
10 Günther/Winkler, a.a.O., S. 107.
11 ebda.
12 Barell, a.a.O., S. 23.
13 Wilhelm Hagenbeck's grösste Raubtier Dressur Schau der Erde, Bildheft, Hamburg o. J.

Zoologisches Paradies der Zukunft: der Tierpark in Stellingen 1907–1913

1 Oldekop, Henning: Topographie des Herzogtums Holstein, Bd. 1, Kiel 1908, VIII, S. 78–79.
2 Hagenbeck, Carl: Von Tieren und Menschen, Berlin 1909, S. 133–134.
3 Denkmalpflege Hamburg Nr. 15, Carl Hagenbecks Tierpark, Hamburg 1997, S. 14–15.
4 Carl Hagenbeck's Straußenfarm in Stellingen und die wirtschaftliche Bedeutung derselben, Hamburg um 1910. Führer durch die Straußenfarm, Hamburg um 1913 (Archiv Hagenbeck).
5 Thode-Arora, Hilke: Für fünfzig Pfennig um die Welt – Die Hagenbeckschen Völkerschauen, Frankfurt/New York 1989, S. 162, S. 172–174.
6 Carl Hagenbecks Tierpark in Berlin. Plan des gegenwärtigen Bestands. 18.5.1912 (Archiv Hagenbeck).
7 Catalano, Maria: Storia del Giardino Zoologico di Roma. In : La nostra Arca di Noè. Storia e prospettive dello Zoo di Roma, Rom 1984 (Roma Capitale 1870–1911, Bd. 8), S. 20–38.
8 Dittrich, Lothar/Rieke-Müller, Annelore: Carl Hagenbeck (1844–1913). Tierhandel und Schaustellungen im Deutschen Kaiserreich, Frankfurt/Main 1998 (bei Redaktionsschluß im Druck), Kap. 5.
9 Knauer, Friedrich: Der Zoologische Garten, Leipzig 1914, S. 162–163.
10 Dittrich/Rieke-Müller, a.a.O., Kap. 5.
11 Hagenbeck, Lorenz: Den Tieren gehört mein Herz, Hamburg 1955, S. 57–65.
12 ebda., S. 91.
13 Sociedad Rural Alemana/Deutsche Landwirtschafts-Gesellschaft, Exposición del ganado aleman/Deutsche Tierausstellung Buenos Aires 1910, Berlin 1910.

Architekten und Künstler bei Hagenbeck

1 Denkmalpflege Hamburg Nr. 15, Carl Hagenbecks Tierpark, Hamburg 1997, S. 24.

Selbstbehauptung in schwerer Zeit: die Hagenbecks in Kriegs- und Krisenjahren 1914–1945

1 Zeitungsartikel vom 8.3.1915 in der Einzelblattsammlung des Museums für Hamburgische Geschichte.
2 Zeitungsausschnitte vom 21.3.1916 im Textarchiv Axel Springer Verlag.
3 Hagenbeck, Lorenz: Den Tieren gehört mein Herz, Gütersloh 1955, S. 95–113.
4 Berliner Tageblatt vom 7.9.1930.
5 Denkmalpflege Hamburg Nr. 15, S. 40 – Hamburger Anzeiger vom 21.12.1929. – Berliner Börsen-Zeitung vom 11.6.1930. – Hamburgischer Correspondent vom 13.6.1930.

6 Boston Sunday Post vom 17.2.1929. – San Antonia Day Light vom 3.3.1929. – New York Times vom 29.5.1929 (Zeitungsausschnitte Archiv Hagenbeck).
7 Hamburgischer Correspondent vom 11.3. und 17.4.1929. – Hamburger Anzeiger vom 10.4.1929. – Hamburger Echo vom 17.4.1929.
8 Hamburger Fremdenblatt vom 14.2.1909.
9 Berliner Lokal-Anzeiger vom 18.8.1929.
10 Berliner Morgenpost vom 28.9.1929.
11 Archiv Hagenbeck, Ordner Berliner Zoo. Gekürzt in: Berliner Tageblatt vom 25.10.1929.
12 Berliner Tageblatt vom 24.10.1929. – Deutsche Allgemeine Zeitung Berlin vom 24.10.1929.
13 Hamburgischer Correspondent vom 7.12.1929.
14 Hamburgischer Correspondent vom 10.2.1930.
15 Hamburger Nachrichten vom 6.2.1930.
16 Hamburger Fremdenblatt vom 5.3.1930. – Altonaer Nachrichten vom 27.1.1931.
17 Hamburgischer Correspondent vom 18.2. und 12.4.1930.
18 Hamburger Fremdenblatt vom 19.8.1931. – Lothar Dittrich: Auf Safari in Europa, Hannover 1966, S. 120–122.
19 Hamburger Anzeiger vom 21.10.1930. – Hamburger Echo vom 8.6.1931. – Altonaer Lokalanzeiger vom 13.6.1931. – Hamburger Nachrichten vom 20.5.1932.
20 Hamburger Neueste Nachrichten vom 30.8.1930.
21 Archiv Hagenbeck.
22 Hamburger Fremdenblatt vom 8.10.1940.

Der Tierpark als Filmkulisse

1 Thode-Arora, Hilke: Herbeigeholte Ferne – Völkerschauen als Vorläufer exotisierender Abenteuerfilme. In: Triviale Tropen – Exotische Reise- und Abenteuerfilme aus Deutschland 1919–1939, hrsg. von Bock, Hans-Michael/Jacobsen, Wolfgang/Schöning, Jörg, S. 19–34, hier S. 27/28.
2 Töteberg, Michael: Filmstadt Hamburg, Hamburg 1997, S. 14.
3 zitiert nach: Töteberg, Michael, a.a.O., S. 15.
4 ebda.
5 ebda., S. 168.

Neuanfang und neue Fragen: vom Trümmerfeld zum Erlebnispark 1945–1998

1 Besucherstatistik, Archiv Hagenbeck.
2 Denkmalpflege Hamburg Nr. 15, Carl Hagenbecks Tierpark, Hamburg 1997, S. 41.
3 Hamburger Freie Presse vom 20.9.1949.
4 Hagenbeck, Lorenz: Den Tieren gehört mein Herz, Gütersloh 1955, S. 237–240.
5 Kock, Karl: Elefanten – mein Leben, Hamburg 1992, S. 81, 111, 143, 171, 187, 208.
6 Denkmalpflege Hamburg Nr. 15, Carl Hagenbecks Tierpark, Hamburg 1997, S. 37.
7 Hamburger Abendblatt vom 9.2.1985. – Akte »Orca«, Archiv Hagenbeck.
8 Hamburger Abendblatt vom 7.6.1993. – Die Tageszeitung vom 4. und 7.6.1993. – Hamburger Morgenpost vom 1.9.1997.
9 Hamburger Abendblatt vom 4.1.1993.
10 Hamburger Abendblatt vom 25.11.1993, 25.10.1995 und 26.8.1997.

Literaturverzeichnis

Aus Carl Hagenbecks Reich, Hamburg o.J.
Barell, Bobby/Hagenbeck, Willy: Der König der Dompteure, Bayreuth 1967.
Barell, Bobby: Circus von A–Z, Manus. o.J.
Brehm, Alfred: Unsere Bären. In: Der Thiergarten, 1 (1864), S. 4–7 u. 29–32.
Carl Hagenbeck's Straußenfarm in Stellingen und die wirtschaftliche Bedeutung derselben, Hamburg um 1910. Führer durch die Straußenfarm, Hamburg um 1913 (Archiv Hagenbeck).
Circus in Hamburg, hrsg. von der Sektion Hamburg der Gesellschaft der Circusfreunde e.V. aus Anlaß ihres 25jährigen Bestehens, Hamburg 1982.
Denkmalpflege Hamburg Nr. 15, Carl Hagenbecks Tierpark, Hamburg 1997.
Dittrich, Lothar: Auf Safari in Europa, Hannover 1966.
Dittrich, Lothar/Rieke-Müller, Annelore: Carl Hagenbeck (1844–1913) – Tierhandel und Schaustellungen im Deutschen Kaiserreich, Frankfurt/Main 1998 (bei Redaktionsschluß im Druck).
Döring, Jürgen: Plakatkunst von Toulouse-Lautrec bis Benetton, Hamburg 1994.
Durant, John and Alice: Pictorial History of the American Circus, New York 1957.
Günther, Ernst/Winkler, Dietmar: Zirkusgeschichte, Berlin 1986.
Hagenbeck, Carl: Von Tieren und Menschen, Berlin 1909.
Hagenbeck, John: Fünfundzwanzig Jahre Ceylon, Dresden 1922.
Hagenbeck, Lorenz: Den Tieren gehört mein Herz, Hamburg 1955.
Hagenbeck, Wilhelm: Raubtierdressuren. In: Artist Nr. 1000 (Jubiläumsausgabe), 1904.
Haller, Martin: Betrachtungen über die Zukunft des Zoologischen Gartens, des Botanischen Gartens und der ehemaligen Begräbnisplätze vor dem Dammthor, Hamburg 1909.
Janeck, Willi: Die großen Drei, Heft 2 der Schriftenreihe der Internationalen Gesellschaft der Circushistoriker, Preetz 1959.
Knauer, Friedrich: Der Zoologische Garten, Leipzig 1914.
Kock, Karl: Elefanten – Mein Leben, Hamburg 1992.
Lehmann, Alfred: Tiere als Artisten, Lutherstadt Wittenberg 1955.
Malhotra, Ruth: Manege frei – Artisten- und Circusplakate von Adolph Friedländer, Dortmund 1979.
Markschiess-van Trix, J./Nowak, Bernhard: Artisten- und Zirkus-Plakate – Ein internationaler historischer Überblick, Leipzig 1975.
Niemeyer, Günter H. W.: Hagenbeck, Hamburg 1972.
Riedel, Bruno F.: Manege 67, Preetz 1967.
Schulz, Chr.: Auf Großtierfang für Hagenbeck, Dresden 1923.
Sokolowsky, Alexander: Carl Hagenbeck und sein Werk, Leipzig 1928.
Thode-Arora, Hilke: Für fünfzig Pfennig um die Welt – Die Hagenbeckschen Völkerschauen, Frankfurt/New York 1989.
dies.: Herbeigeholte Ferne – Völkerschauen als Vorläufer exotisierender Abenteuerfilme. In: Triviale Tropen – Exotische Reise – und Abenteuerfilme aus Deutschland 1919–1939, hrsg. von Bock, Hans-Michael/Jacobsen, Wolfgang/Schöning, Jörg, S. 19–34.
Töteberg, Michael: Filmstadt Hamburg, Hamburg 1997.
Triviale Tropen – Exotische Reise- und Abenteuerfilme aus Deutschland 1919–1939, hrsg. von Bock, Hans-Michael/Jacobsen, Wolfgang/Schöning, Jörg, München 1997.
Wiese, Eigel: Das Hagenbeck-Buch, Hamburg 1995.
Wilhelm Hagenbeck's grösste Raubtier Dressur Schau der Erde, Bildheft, Hamburg o.J.

Personenregister

Autoren

Dr. Matthias Gretzschel, geb. 1957, seit 1990 Feuilleton-Redakteur beim Hamburger Abendblatt

Ernst Günther, geb. 1938, Journalist und Zirkusschriftsteller

Prof. Dr. Gisela Jaacks, geb. 1944, seit 1993 stellvertretende Direktorin des Museums für Hamburgische Geschichte

Prof. Dr. Gunther Nogge, geb.1942, seit 1981 Direktor des Zoologischen Gartens Köln

Dr. Ortwin Pelc, geb. 1953, seit 1995 Oberkustos am Museum für Hamburgische Geschichte

Dr. Arne Steinert, geb. 1963, seit 1997 wissenschaftlicher Assistent am Museum für Hamburgische Geschichte

Michael Zapf, geb. 1965, seit 1983 selbständiger Fotoreporter

Bildnachweis

Archiv Hagenbeck 8 (Der Hinterhof der Hagenbeckschen Handels-Menagerie am Spielbudenplatz, Gemälde nach einer Zeichnung von 1864), 9, 12, 13 (Das größte Schwein der Welt, Ölgemälde von Börger, 1948), 15, 18, 19 (Zeichnung von Heinrich Leutemann), 24, 32, 33, 34, 35, 36 (Zeichnung von Heinrich Leutemann), 37, 40, 41, 42, 43, 44, 45, 46, 47, 48, 49, 50, 51, 52, 53, 54, 55, 56, 57, 59, 60, 61, 62, 64, 65, 66, 67, 68, 70, 71, 72, 73, 74, 79, 80, 81, 82, 83, 84, 85, 86, 87, 89, 90, 92, 93, 94, 95, 96, 97, 100, 106, 107, 108, 109, 110, 111, 113, 114, 115, 116, 128, 150, 151, 152, 153, 154, 155, 157, 161, 163, 164 (Zeichnung von Karl Müller), 176, 177, 178, 179, 180, 181, 182, 183, 184, 185, 186, 187, 188, 189, 190, 192.

Deutsche Presse Agentur 102, 103.

Festzug des 16. Deutschen Bundesschießens zu Hamburg am 11. Juni 1909, Hamburg 1909, Bild 24, 75.

Fotoarchiv Axel Springer Verlag 112 (Conti-Press), 126 (Foto: Brumshagen), 129 (Foto: Kujath), 166 (Conti-Press), 191.

Hagenbecks oberbayerische Karawane in Nubien, in: Fliegende Blätter Nr. 82, S. 61 (1885), 39.

Landesmedienzentrum Hamburg, Landesbildarchiv, 27, 28, 29, 31, 69 (alle Fotos Johann und Heinrich Hamann).

Matthaeus Merian, Arche Noah (gedruckt in: Die Bilder zur Bibel, hrsg. von Peter Meinhold, Hamburg 1965, S. 28), 175.

Museum für Hamburgische Geschichte 11 (Spielbudenplatz um 1830, Lithographie von Peter Suhr; Spielbudenplatz 1854, Lithographie von Wilhelm Heuer), 16, 22 (Aquarell von Eduard Niese, 1898), 30 (Lithographie von Wilhelm Heuer, nach 1868).

Norddeutscher Rundfunk, Hamburg, 101.

Rückseite der Menagerie von Versailles zur Zeit Ludwigs XIV., Kol. Kupferstich von d'Aveline (gedruckt in: Christoph Scherpner, Von Bürgern für Bürger, 125 Jahre Zoologischer Garten Frankfurt am Main, Frankfurt/Main 1983, S. 9) 20.

Sammlung Werner Kourist, Paul Meyerheim, Menagerie, Ölgemälde, 1864 (gedruckt in : 400 Jahre Zoo, Bonn 1976), 162.

Schleswig-Holsteinisches Landesmuseum, Schloß Gottorf, 14.

Stiftung Deutsche Kinemathek, Berlin, Sammlung Dagover, 99.

Zoo Hannover, Felsenanlage mit »Verlobungsbrücke« aus: Die Gartenlaube 1870 (gedruckt in: Lothar Dittrich/Annelore Rieke-Möller, Ein Garten für Menschen und Tiere, Hannover 1990, S. 21) 20.

Alle übrigen Bilder von Michael Zapf.

Impressum

Die Deutsche Bibliothek –
CIP-Einheitsaufnahme

Gretzschel, Matthias: Hagenbeck. Tiere, Menschen, Illusionen/Matthias Gretzschel; Ortwin Pelc.
Hamburg: Hamburger Abendblatt
Axel Springer Verlag, 1998

ISBN 3-921305-50-0

Lektorat: Dorothee v. Kügelgen
Gestaltung und Herstellung: Peter Albers
Satz und Lithographie:
Albert Bauer KG, Hamburg
Druck und Bindearbeiten:
Media Print, Paderborn

Printed in Germany

Mit freundlicher Unterstützung durch Hagenbecks Tierpark und in Zusammenarbeit mit dem Museum für Hamburgische Geschichte